Printed in Great Britain
by Amazon

44392515R00097

# گرد روزن

اشعار

< محمد انور نوژان >

مشتمل بر غزلیات، رباعیات،

اشعار امروزی،

و

تک بیت ها

باهتمام انجنیر عمر مسیح نوژان،

داکتر مریم نوژان، و

یوسف ذکریا نوژان

بسم الله الرحمن الرحيم

## چند کلمه مبنی بر عرض حال نگارنده

شاخه یی چند که از درون آتشکدۀ ذوق واشتیاق درونی، بیخبر از فن صرف و نحو شعری، با رشته های مخصوص عاطفی به هم بسته ام تقدیم خوانندگان محترم مینمایم. امید با عطر گلهای که از گلستان پیشکسوتان فن سخن به غارت برده ام این شاخه ها را رنگ و بوی خوش آیند بخشیده باشم. وقتی سالها پیش بدون آموزش فن آببازی خودم را به دریا انداختم، برایم مهم نبود زیرا صرف جان خودم در خطر بود. امروز دوباره این کار را انجام دادم ولی خیلی بزرگتر و خطرناک تر. امروز بدون آموزش، خودم را به بحر بیکرانی غوطه ور ساخته ام که غواصانی چون سنایی، عطار، مولوی، حافظ،، و بیدل در آن شنا کرده اند. امیدوارم با بزرگواری خود مرا اجازه دهید تا در ساحل کم عمق این بحر بیکران دست و پایی بزنم و هر وقت دست از پا خطا کردم، امیدوارم شما مرا متوجه سازید.

نا خود آگاه به سرودن غزل شروع کردم و آنقدر با آن الفت گرفتم که گویی فراموش کردم قالب های دیگر شعری هم وجود دارند. وقتی خیلی با غزل آغشته شده بودم گاه گاهی شعر نو هم میسرودم. رباعی درین اواخر توجه ام را جلب کرده است، ولی سرودنش برایم خیلی آسان نیست. قید وزن مصرع های آن که چون غزل جولانگاه وسیع ندارد، مرا به تقلا می اندازد.

مصروفیت زیاد و بی حوصلگی خوانندگان مرا واداشت تا توجه بیشتر به تک بیت باندازم. گنجانیدن مفهوم مکملی در یک بیت هم از جای، و هم از وقت برای هردو، خواننده و نویسنده صرفه جویی میکند.

در آخر باید تذکار بدهم که در تهیه و ترتیب این مجموعه ارجمندان عزیزم عمر نوژان، مریم نوژان، و یوسف نوژان با من همیشه همکار بوده اند. محبوبه نوژان، همسفر راه زندگیم، هیچوقت از قضاوت صادقانه و منتقدانه اش در قسمت سروده هایم ابا نورزیده است.

# پیشگفتار

زمانه دلپذیر بود. زندگی رنگ دیگر داشت. ما همه پسران و دختران چون تک نهال های همرنگ که از باغچه های دور و نزدیک مملکت چیده شده بودیم، در گلستان پر محبت پوهنتون کابل به امید اینکه روزی درختهای پر ثمر برای وطن گردیم، تحصیل میکردیم. گلستان ما دیوار نداشت. رنگ ما پر از جوهر بی رنگی بود. کلمهٔ که این نو نهالانرا به باغچه های خورد و بزرگ نسبت بدهد استعمال نمیشد. ما همه با رنگ های مختلف، خود را گلهای خوشرنگ یک گلستان میدیدیم. شور جوانی و احساس پاک راستی و سادگی در بین ما حکمفرما بود.

در یکی از روز های رخصتی، ما تصمیم گرفتیم برای میله به باغ پدر یکی از همصنفان ما به پغمان برویم. در باغ، پسر ها و دختر ها نظر به طرز تفکر و موضوع مورد علاقهٔ شان با همدیگر گروپ گروپ گردیدند. چون در گروپ ما یک شاعر موجود بود، شروع مطلب مورد بحث هم شعر و شاعری گردید. من که خیلی شوخ بودم بدون اینکه شمهٔ از شعر و شاعری بدانم ادعا کردم که هر کسی میتواند شعر بگوید و شاعر شود. این گفتهٔ من همه اهل محفل را مخصوصا دوست شاعر ما را برآشفته ساخت. برای اینکه فضا بیشتر جدی نگردد همه موافقه کردیم تا در بارهٔ موضوع دیگری حرف بزنیم.

شب آنروز پیش از آنکه من به بستر خواب بروم دیوان تکه پارهٔ را که از بیدل در خانهٔ ما، نمیدانم از کی مانده بود، باز کردم و بعد از مرور کردن چندین صفحه، شعری به مطلع ذیل توجه مرا جلب کرد:

"دوستان از منش دعا مبرید　　　زنده ام نامم از حیا مبرید"

قلم و کاغذ را برداشته چنین نوشتم:

## نازنین یار ما ز ما مبرید

دوستان نامی از جفا مبرید　　　نازنین یار ما ز ما مبرید

آتش سوخته ایم بر در یار　　　خاک درگاهش بر هوا مبرید

ما بسر در کف او جان بدهیم　　　جسم بیجان ما به پا مبرید

دختر رز که به من رنگ زده بود　　　خال هندویش به یغما مبرید

| | |
|---|---|
| گرچه سوخت در تب عشقش دل من | درد من به کوه و صحرا مبرید |
| شستشویم به شراب ناب بدهید | تا سحر این می و مینا مبرید |
| زاهد بیخبر از بزم طرب | بدر کوچهٔ دلها مبرید |
| جامهٔ صبح ز تن شب بکشید | خبرش بگوش فردا مبرید |

انور امشب بر آستانهٔ اوست

نام او بی ز نام ما مبرید

فردای آنروز در وقت نان چاشت که اعضای گروپ ما باز هم یکجا نشسته بودند، من پارچه یی را که شب گذشته نوشته بودم از جیب کشیده شروع به خواندن نمودم. دوست شاعر ما که روز گذشته برآشفته شده بود امروز سرش را با علامت تمجید می جنبانید ودیگران هم با دقت تحسین آمیز گوش میکردند. من که این پارچه را به نیت یک شوخی نوشته بودم، گفتم: "من اینرا از دیوان بیدل کاپی کرده ام." دوست شاعر ما رشتهٔ کلام را بدست گرفته گفت: "چیزی که تو نوشته یی کاپی نه بلکه استقبال از شعر بیدل است." وی مرا تشویق کرد تا این کار را بیشتر ادامه دهم. بعد ازان چندین پارچه نوشتم که شعر نو ذیل را برای ثبت نام جدید هنری ام "نوژان" به مجلهٔ "پشتون ژغ" بچاپ رسانیدم.

# پشیمان

آنشب دران سکوت دل انگیز و پر ز راز

انگشت آشنایی در کلبه ام نواخت


از پشت پیرهن بدن مرمرین او

بر شیشهٔ شکستهٔ چشمان من رنگ باخت

آهسته پا گذاشت بر آستان کلبه ام

اما دگر

اما دگر، در ساغر چشمان مست او

شرابی ز غرور و هوس نبود

گفتم آمدی باز،

آزارم دهی؟

فریبم دهی؟

گفتا که نه!

گفتا که نه، آمده ام تا کفارۀ گناهان گذشته را،

در میان بازوانت بتو باز دهم

نوژان

بعد از فرارم از افغانستان در سال 1982 عیسوی من دیگر فرصت حتی فکر کردن هم به شعر و شاعری را پیدا نکردم و آثاریرا که در افغانستان بجا گذاشته بودم فامیل ما نسبت آزار و ازیت حکومت وقت به آتش کشیده بودند. در سال 2002 بعد از چندین حملۀ قلبی، از طرف داکتر معالجم مجبور شدم از وظایف خود در وزارت معارف و پوهنتون هاوایی استعفا بدهم. در سال 2005 به آرنج کونتی در کلیفورنیا آمده بعد از گذشتاندن یک عملیۀ بزرگ جراحی قلب، من همرای فامیلم مقیم اینجا گردیدم.

یکروز که به یک مغازۀ فروش مواد غذایی ایرانی رفته بودم دیدم کتابهای شانرا به لیلام گذاشته اند. از بین کتابها دیوان بیدل در دو جلد و دیوان شمس و مثنوی مولوی را خریداری نمودم. دیوان بیدل را یک مرتبه خواندم خیلی برایم مشکل بود ولی در مرتبۀ دوم و سوم احساس آرامش بیشتر نمودم و فکر کردم خود بیدل با من سخن میگوید و گویا مرا در درک مفاهیم رهنمایی مینماید. بعد ازان هر وقتی

دیوان بیدل را باز مینمودم وشعری توجه ام را جلب مینمود، گاهی با گرفتن قافیه و وزن و زمانی با گرفتن کلمات ازان شعر، پارچه ای میساختم.

اینکار دوام یافت و من شروع به خواندن آثار مولوی هم نمودم. من که از نگاه سلیقۀ شعری کاملا پیرو سبک بیدل شده بودم مفاهیم ژرف و عمیق اشعار مولوی نیز مرا مجذوب خود گردانید و دیدم یک دستم بدامن بیدل و دست دیگرم بدامن مولوی افتاده است. روزی دخترم از لاس انجلس برایم دیوان حافظ را آورد. وقتی آنرا خواندم نتوانستم شور و غوغای بلبل شیراز را هم نا دیده بگیرم. آهسته آهسته کلمات دیر و مغان حافظ هم پرتو افشان شعر من گردیدند.

به این صورت دو مکتب بزرگ شعری یعنی هندی و عراقی در شعر من اثر گزار گردیدند. اینکه آیا ترکیب این دو مکتب باعث باز کردن یک دریچۀ نو در اشعار من گردیده، قضاوت را برای شما میگذارم.

در سپاسگزاری ازین سه راد مرد عالم شعر و ادب که به افکار شعری من رنگ اثر بخشیده اند با چند تک بیت ذیل اظهار قدر دانی میکنم. امیدوارم توانسته باشم حق بزرگواری ایشانرا ادا نمایم.

شعر من در سه طریقت سفته است اندر اثر		یا ز حافظ، یا ز بیدل، یا ز ساز مولوی

شعر من گر بنگری رنگی ز رنگ حافظ است		یا در آن بیدل تپیده، یا که مولانای روم

در خرابات مغان ساقی چو حافظ گشته است		ما و بیدل مست مولانای خود گردیده ایم

در خودم پیچیدم و در ساز بیدل وا شدم		گاهی شمس و گاهی حافظ، گاهی مولانا شدم

گاه گاهی شعر نو هم مینویسم ولی گفتن رباعی را تازه شروع کرده ام. برای نمونه چند رباعی و شعر نو هم در قسمت آخر این مجموعه خواهید دید. گلبرگهای معرفت و تک بیت های ناب چکیده های دیگری اند از احساسات درونیم که دامن گفته هایم را تر کرده اند. امیدوارم مورد توجه قرار گیرند.

گرچه گاهی مهره در تار سخن در میکشم		در قطار شاعران، من خادم پشت درم

# دفاعیهٔ نویسنده از چاپ و ترویج این اثر

کلمات چندی که درین صحیفه پهلوی هم چیده شده اند تا مدتی فقط مایهٔ سرگرمی من بعد از کناره گیریم از وظیفه بوده اند. نه مطمین بودم که آنها شعر اند و نه جرئت داشتم آنها را به کسی نشان بدهم. اولین کسانیکه نظری به نوشته هایم انداختند جناب لطیف مصدق و بعد ازان یکی دو نفر دیگر بودند. تعریف ایشان از کارم مرا به این فکر انداخت که شاید آنها نخواستند دلم را بشکنند.

در یکی از محافل کانون فرهنگی جامی که برای قدر دانی و معرفی محترم صبورالله سیاه سنگ شاعر و نویسنده بر گزار شده بود، جناب سیاه سنگ در مقدمهٔ گفتار شان آنقدر از شخصی بنام عبدالرشید بهادری شاعر و نویسنده تعریف نمود که به من جرئت داد تا در عالم ناشناسی با این شخص محترم به تماس شوم. وقتی راجع به اشعارم با وی حرف زدم حاضر شد نظری به چند پارچه یی از آنها باندازد. زمانیکه نتیجهٔ ارزیابی اش را برایم گفت، من جرئت پیدا کردم تا آنچه نوشته بودم دیگر پرت و پلا نه، بلکه مجموعهٔ شعری بخوانم.

یکروز شام که به خانه آمدم به پیغامیکه در تیلفون گذاشته شده بود گوش دادم. پیغام از طرف آقای بهادری بود. وی در پیغامش گفته بود: "من همرای محترمان سید عبدالقادر جاهد، محمد عمر هاتف، و عبدالوهاب سعید در رستوران چوپان کباب جمع شده ایم تا با هم اشعار ترا مرور نمائیم. اگر پیغام مرا گرفتید، لطفا" شما هم به اینجا بیایید." من وقتی این پیغام را گرفتم، دیر تر ازان بود که خودم رابه وقت لازم به آنجا برسانم. اول خیلی متاثر شدم که نتوانستم با آنها بپیوندم ولی بعد فکر کردم این به خیرم بود زیرا از نتیجهٔ عکس العمل شان خیلی در هراس بودم. یکی دو روز بعد جناب بهادری قدم رنجه فرموده از نتیجهٔ این گرد هم آیی مرا در خانهٔ خود ما واقف گردانید.

درینجا بر خود لازم میبینم تا از هر یک از اعضای این گرد هم آیی سپاسگزاری نموده و مخصوصا از جناب محترم سید عبدالقادر جاهد که با وجود کسالت مزاج این زحمت را متقبل شده و وقت گرانبهای خود را صرف بر رسی چند صفحه یی ازین نوشته ها کرده اند اظهار امتنان و قدر دانی نمایم.

هر کمبودی که درین اثر میابید تقصیر خودم بوده، ولی مسولیت بر ملا شدن و به چاپ رسیدن آن بر عهدهٔ بهادری عزیز است. اگر سعی و اسرار ایشان نمی بود شاید این اثر مانند چندین سالی که گذشت، فقط وسیلهٔ سرگرمی و وقت گذرانی خودم می بود و بس.

# غزلیات

# آب صد پاره

در بساط زندگی رمز تماشا میشوم
باده و پیمانه در بر همچو مینا میشوم

ساز و برگ این جهان در نقش من پیچیده اند
در فریب لحظه ها چون بال عنقا میشوم

دست ما گردیده کوتاه از نگاه دلبران
از نظر افتاده رنگ لغزش پا میشوم

در خودی و بیخودی ما را نباشد فرصتی
در درون وهم دلها عالم آرا میشوم

آنقدر در خود تپیدم بیخبر از جان خود
که از تغافل گاهی کور و گاهی بینا میشوم

گر بود این زندگی بر تر درون پرده من
با تن بی پرده اندر پرده پیدا میشوم

چون نباشد حال ما را فرصتی در دلبری
در خیال بی اثر پیچیده فردا میشوم

ما و او دیگر نداریم سرحد بیگانگی
در طریق عاشقی من با او یکجا میشوم

ور نباشد فرقی در اصل وجود همسری
با همه یکجاییم در لحظه تنها میشوم

آب من صد پاره میگردد ولی نوژان ببین
در مسیر راه خود من آب دریا میشوم

# آتشخانه

بی تو گردیدم سرا پا پردهٔ افسانه یی — نام خود جویم درون سینهٔ ویرانه یی

بزم یارانم ندارد نقشی جز در خاطرم — همچو شمع آتش به سر دارم پی پروانه یی

سایه می گردم شبانگاه در جلال جلوه یی — روز خود بر سر کشم در پای ظلمتخانه یی

کاروان حسن لیلی راه صحرا میزند — کی بود باشنده اینجا جز من دیوانه یی

شانهٔ زلفش سمن افشان کند این خانه را — فرش دل ریزم بزیر چاک هر دندانه یی

پاره گردانم گریبان از سر بیتابیم — از خدا خواهم دل صد پاره همچون شانه یی

بلبلان گردیده مفتون در هوای هر گلم — من هنوز هم زیر خاک می پرورانم دانه یی

کعبه و مسجد مبارک باد بر تو زاهدا — ما بذوق دیدن یار سر کشیم خمخانه یی

دوش پرسیدم ز شیخ احوال کار و بار او — ساغرش در جیب زد با خندهٔ رندانه یی

من خراب هوش خود گردیده ام در جنگ خود — ساقیا بر خیز مرا از خم بده پیمانه یی

سالها خود جستجو کردم بدامان خودم — من هنوزم بیخبر از هر خود و بیگانه یی

من ندارم گرچه نوژان همت ابراهیمی

دل به دریا میزنم در ذوق آتشخانه یی

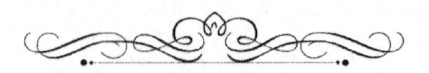

## اسرار عشق

| | |
|---|---|
| رمز سرود جان درین خانه نهفتند | اسرار عشق در پر پروانه نهفتند |
| راز وجود عقل ز فرزانه ربودند | تا در سرای دل دیوانه نهفتند |
| سرو رسای گلستان این جهانرا | در زیر خاک در دل یکدانه نهفتند |
| روی ادب نگشت عیان از طریق زر | گنج حضور عشق به ویرانه نهفتند |
| عطر بهار سنبل زلف لیلی را | در چاکهای سوز دل شانه نهفتند |
| راز نهان عالم پر زرق و برق را | در رنگ تغافل بیگانه نهفتند |
| گرد طواف کعبه بر حاجیان نشست | سرو وجود دل را در خانه نهفتند |
| زاهد مگو تو ما را که او رفت به میخانه | رمز حیا در دل مستانه نهفتند |
| هر زاهد و هر شیخ و هر رند خرابات | راز دل خود را در افسانه نهفتند |
| ما مست هوای خود گشتیم درین عالم | رندان چو شدند واقف پیمانه نهفتند |

نوژان بیا بر گرد در میکدهٔ الفت
عشق دل هر کس را در خانه نهفتند

## اسیر دام دل

در دبستان جنون دل شور و غوغا کرده است / وحشتم بر سر نموده دیده ام وا کرده است

بی نشان گردیده ام در محفل نا باوران / سعی فطرت خاک من در پرده پیدا کرده است

خود سری ها گشته طبع سرکش پرواز من / نقش رسم شهرتم حل این معما کرده است

در غبار بی نمی تسلیم کل گردیده ام / قطرهٔ اشکم بدیده رسم اجزا کرده است

سیر بزم بیخودیم در خودم پیچیده است / شور و غوغای حریفان ما را رسوا کرده است

نسخهٔ موج تلاطم گشته تصویر دلم / هر قدم این آب رفته میل دریا کرده است

دست ساقی کی خرام گرد ما را دیده است / بیخودی ما را اسیر پای مینا کرده است

خون بساغر می چکد از ریشه های تاک ما / رنگ ما آتشفشان دامان صهبا کرده است

زاهدان افتاده اند در پای منبر از ریا / پیر ما خود را رها از دام دنیا کرده است

بسمل تصویر خود گردیده هر گل در چمن / بلبل حق ناشناس هنگامه بر پا کرده است

ما اسیر دام خود گردیده ایم نوژان بسی
که از سر بیچارگی دل میل صحرا کرده است

## اشتیاق نالهٔ شب

از کجا پیکی مرا احوال جانان آورد / از بهشت جاودانم آب حیوان آورد

غنچهٔ سربسته را کی میشود بو بر ملا / اختیار جلوه اش گل در گلستان آورد

در بیابان نفس مجهول خود گردیده ام / کاروانرا ذوق منزل در بیابان آورد

آتش درد فراق از ناله ها گردیده پر / سوز ما در نیمه شبها بوی درمان آورد

ساز ما گردیده بی تاثیر درون پرده ها / مطربم را گو که نی را از نیستان آورد

عقل اگر درمانده گردد در سرای زندگی / سر ز بازار جنونش دل به فرمان آورد

حسرت دل گر نباشد بار منت دیده را / دیدهٔ نا دیده در محفل حریفان آورد

بوی جان یوسف مصری ز جیب پیرهن / کاروان اهل پیغمبر ز کنعان آورد

غم مخور نوژان که یکشب اشتیاق نالـه ات
یوسف گمگشته ات از شهر هجران آورد

# اشک بیتابی

شعلۀ عشق نگاهش در وجود ما نشست
بار دست ساقی ما بر سر مینا نشست

من دگر با شمع محفل کی شوم همراز او
شعله بر سر با خود خود بایدم تنها نشست

بال عنقا را نباشد اوج استغنا بسر
همچو گرد خاک صد ها سر بزیر پا نشست

دیده را کی بوده چون موسی توان یک نظر
بایدم تا این جهان برپاست نا بینا نشست

شاهدان را برده از خود گردش دیر و مغان
پیر ما از بیخودی در جلسۀ مینا نشست

کی بود سنگین جهان اندر غنای اغنیا
گرد ما را بین چسان از آسمان بالا نشست

گر سیاهی و سفیدی را نبودی الفتی
از کجا چشمان دلبر با رخش یکجا نشست

ناز لیلی گشته زیب دفتر مهپارگان
اشک مجنون بینیاز در دامن صحرا نشست

سرکشیدن کی بود رمز حضور دلبری
سایۀ نیمروزۀ ما سر به زیر پا نشست

اشک بیتابی نوژان در دل شب های تار
همچو گوهر بی تکلف در دل دریا نشست

# اشک ندامت

من دگر جانم ز تن در پیشت عریان میکنم ‌ ‌ ‌ ‌ در شبستان معاصی رو نمایان میکنم

آتش سوز دلم گردیده رنگ سجده ام ‌ ‌ ‌ ‌ کلبهٔ تاریک خود در شب چراغان میکنم

کی سزاوار است خطای من به حجم رحمتت ‌ ‌ ‌ ‌ رو ز شرم بیگناهی از تو پنهان میکنم

اعتبار دفتر هستی ندارد گر دوام ‌ ‌ ‌ ‌ در گلستان جنون من دل پریشان میکنم

معبد راز نهان در سینه دارم جا بجا ‌ ‌ ‌ ‌ نقد و جنس زندگی را سر به سامان میکنم

توسن فرصت ندارد گر خیال جلوه یی ‌ ‌ ‌ ‌ پاسبان دیدهٔ خود تیر مژگان میکنم

گر نباشد رنگ تقصیری ز یوسف بر ملا ‌ ‌ ‌ ‌ دست تدبیر زلیخا در گریبان میکنم

بت پرستی کی زند رنگ گناه در خانه یی ‌ ‌ ‌ ‌ بچهٔ آذر نهاد هر مسلمان میکنم

گر سپند بزم یاران رقص بسمل میکند ‌ ‌ ‌ ‌ مجمر داغ یقینم، سینه بریان میکنم

نالهٔ خوابیدهٔ دردم، صدایم مرده است ‌ ‌ ‌ ‌ قطرهٔ اشک ندامت من بدامان میکنم

شعلهٔ اندیشه ام نوژان ندارد پرتوی
زندگی را با تامل بر خود آسان میکنم

# اعتبار جهان

در جنـون دل میتپـد در کـوه و در دامـان مـا
جامـه در تـن میـدرد ایـن دیـدهٔ عریـان مـا

در جهـان هـوش مـا گردیـده بیرنـگ آفتـاب
سـایه هـا برچیـده دامـن از رخ بسـتان مـا

چشـم مـا دزدیـده شـرم دیـدن رو در بـدن
دیـده گـر معـذور گـردد پـر زنـد مژگـان مـا

در کـف امـواج خـود مـا غـرق خـود گردیـده ایم
نالـه دیگـر جـا نـدارد در دل طوفـان مـا

جـان مـا در کـف نشـان حرمـت صاحبدلیسـت
زخمها چـون خـورده ایم رنگین شـده میدان مـا

سجده گـر افتـادگی باشـد نشـان مقصـد اسـت
پـای مـا گردیـده کوتـاه بـر دل جـولان مـا

گـر نشـد جـامی میسـر مـا نـداریم شکـوه یـی
رنـگ مسـتی هـای ساقیسـت شیـوهٔ دوران مـا

مـا نـه تنهـا انتظـار دیـدن یـار خـودیم
دیـدهٔ یعقـوب مـا تـر گشـته در کنعـان مـا

از وجـود بـی بهـای خـود کجـا گیـریم ثمـر
اشـک حسـرت هـر زمـان پـر کـرده اسـت دامـان مـا

ایـن جهـان گردیـده نـوزان اعتبـار در لحظـه هـا
رفتـه از دسـت تـا کـه مـا بـرهم زنیم مژگـان مـا

# افسانۀ زندگی

اشک من آب وجود جان من در دانه است — رونق بازار امشب پرپر پروانه است
حیرت آئینه ام گردیده ساز رنگ من — شیخ و پیرم مست درگاه، زاهدم در خانه است
تاج شاهان بیخودی با لعل و زر آراسته اند — گنج پیدای وجود در دامن ویرانه است
فاضلان گردیده اند بالا نشین در منزلت — عقل کل پیچیده در هنگامۀ دیوانه است
گاهی مجنون گاهی لیلی گشته رنگ عاشقی — رمز ما پوشیده در خط در دل افسانه است
سرو آزاد چمن را گشته استغنا بسر — گرد خاک پای مردم آسمان دانه است
ساقی بزم طرب مدهوش راز خانه گشت — حیرت دیدار عاشق مستی پیمانه است
حسن سرشار طلب در سجدۀ ما زنده گشت — پیر ما درگیر اسرار دل مستانه است
عاقلان گردیده اند عبرت کمین زندگی — حلقۀ دار جنون در گردن دیوانه است
من خم هر پیچ و تاب زلف لیلی دیده ام — سنبلستان بهار در سینۀ هر شانه است
محفل ما گشته خلوتگاه راز بیدلان — شوخی پرواز لیلی ساغر و پیمانه است

عاقلان دیگر نخواهند دل ز نوژان بعد ازین
هر که دل دارد درینجا بیدل این خانه است

## افسانهٔ وطن

در هـوای دیـدن یـار هـر دل دیوانـه سوخت     شمع محفل تا سحر در بزم خود پروانه سوخت

نشـه هـا از سـر پریـد و مجلس ما گـرم نشد     بادهٔ رنگـین سـاغر در دل پیمانـه سوخت

مطرب مـا نالـهٔ غـم در سرودش مینواخت     خندهٔ مستی بجام سـاقی مستانه سوخت

شب کشید از نا امیدی زلف خود در پشت گوش     اعتبـار بـی بهـایی در دل هـر شانـه سوخت

عاشـقان گردیـده انـد خوبـان بـازار دگـر     آتش درد فـراق در کلبـهٔ ویرانـه سوخت

مـا بهـای زنـدگی را باختـه ایـم انـدر قمار     گنـج عمر مـا درون خانـهٔ بیگانـه سوخت

خـاطر آزردهٔ مـا شـاکی بیگانـه نیسـت     آتش حسرت سرای ما درون خانـه سوخت

خـاک مـا دیگـر نرویـد لالـهٔ سـرخ دمـن     آتش جنگ در نهادش ریشه و هم دانه سوخت

تـا کـه آیـد گرمـی بـازار مـا همچـون قدیم     صد شمع باید به پای این پر پروانه سوخت

گشتـه نـوژان نـام مـا بیـرون ز قیـد دفتـری

غفلـت مـا قصـهٔ مـا در دل افسانـه سوخت

# التجا

هـر نفـس شـوری درون سـینه ام سـر میکنـد
ساقی یـاد نگاهـت مـی بسـاغر میکنـد

گـرد خـاک پـای مسـتان را درون میکـده
پیـر مـا از ذوق چشـم سـاقی بـر سـر میکنـد

اشـک داغ شـمع محفـل در میـان دامـنم
نقـش گلریـزی سـاز رنـگ گـوهر میکنـد

قامـت سـرو چمـن از نـاتوانی پـیش تـو
بـا دل پـر درد خـود هـر دم گلـه سـر میکنـد

درد مـا را کـی بـود گـاهی صدایی بـر زبـان
دیـده ام را اشـک بیتـابی مـن تـر میکنـد

دل بیـاد روی تـو عریـان حـرص و آز شـده
در سـحرگاه پـیش مـردم جامـه در بـر میکنـد

نـام تـو از چـه بیـارم هردمـی مـن بـر زبـان
هـر نفـس یـک نـام تـو در سینه از بـر میکنـد

مـوج طوفـانم ز تـرس نارسـایی هـای خـود
عاقبـت دانـم کـه ایـن دل میـل بسـتر میکنـد

گـر نـدارم سـاغری از جـام سـاقی مـن بدسـت
شـعلهٔ شـمعم شبم در پـای خـود سـر میکنـد

گـر تـرا نـوژان نباشـد روی بهـر التجـا
چـارهٔ مشـکل در آنجـا روی دلبـر میکنـد

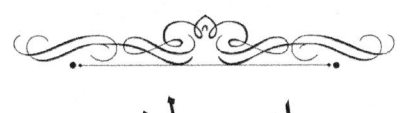

## ای وطن

آمدم تا ای وطن شاد و خرامان بینمت  چون زمانهای گذشته گل بدامان بینمت
عمر خود را در خیال ناز تو کردم بسر  این زمان ویرانه و حال پریشان بینمت
می روم در رفته های دور ایام شباب  در شب تاریک عالم ماه تابان بینمت
ظلمها کردند بتو همسایه های نا خلف  کشتۀ خود گشته یی محتاج درمان بینمت
گر مسیحا دم زند در سینۀ افتاده ات  باز شاید یک نفس در خود به جولان بینمت
عالم از تاریخ رخشانت صدا در سینه بست  سر بلند کن یکدمی تا من خرامان بینمت
مشتی در راس حکومت گر چپاول میکنند  تا بکی پر از نوای بینوایان بینمت
خاطر آزرده ام در زیر بار حیرت است  از خدا خواهم که آنچه در دل است آن بینمت
پهلوانان غیور جنگ خیبر را چه شد  حیف ازین روزیست که پر از ناتوانان بینمت
کی دگر چشم مرا یارای دیدن مانده است  کور شوم دیگر اگر من همچو نالان بینمت

ساغر یادت وطن نوژان تو دیوانه کرد
کی بود، سبز و خرم، یکدم گلستان بینمت

## باده نوشان

باده نوشان بر در میخانه غوغا کرده اند / درب دل بر روی مهرویان شب وا کرده اند
اوج استغنای سر پیچیده اند در خاک در / سایهٔ رنگ نگاه را بال عنقا کرده اند
بیخودی را کرده اند تصویر لوح هر زمان / هر چه بود و یا نبود بی حیله سودا کرده اند
عاشقان و عارفان دیگر ندارند التجا / سایهٔ سوز هوا را رنگ صحرا کرده اند
کشتی آرام خود در راه سیر آرزو / قید موج پر تلاطم سوی دریا کرده اند
خم ندارد طاقت مستی مینوشان ما / ساقیان محفل ما می به مینا کرده اند
هر کی خود را گم نمود در بیخودی در این جهان / نقش پای او در این میخانه پیدا کرده اند
مهر خاموشی نگیرد بر لب میخوارگان / تا قیامت با شر و شور ناله بر پا کرده اند
چون نگردید رنگ دلها نقش زیب خانه یی / کعبه و بتخانه را در خانه انشا کرده اند
عاقلان گردیده اند رمز حضور حال خود / خاک راه را بر سر دیروز و فردا کرده اند
چون نگردید این جهان کافی برای عاشقان / هر دمی که از خود برفتند بهر خود جا کرده اند

کاروان رفته نوژان رو به منزل میرود
غافلان تدبیر بیجا بر سر ما کرده اند

## بار دوش

| | |
|---|---|
| من بساط جان خود را در هوا برداشتم | جوهر هستی ز گرد خاک پا برداشتم |
| جان فدا کردم بکویش از برای دلبری | چشم خود را از هوس ها بی ریا برداشتم |
| آسمانرا طی نمودم از سبکبالی نفس | پرده ها از رمز اسرار خدا برداشتم |
| سینه در سوز آمد و آتش گرفت این خانه را | دست خود در نیمه شبها بر دعا برداشتم |
| موج طوفانم، ندارم ترسی از دریای عشق | من سر خود را ز پای کبریا برداشتم |
| تا کشیدم فکر هستی از جنون حرص و آز | سوته و کشکول خود را بی ریا برداشتم |
| گر جنونم ساز مستی های رقص لیلی است | فکر کوه و دشت و صحرا از کجا برداشتم |
| من سپند مجمر چشم جهان گردیده ام | در میان آتش و دود من نگاه برداشتم |
| چون ندارم تاب ذوق نام و ننگ این جهان | رنگ بی رنگی ز جنس توتیا برداشتم |
| سجده ها من کرده ام در نیمه شبها از هراس | با جبین شرمسارم خاک پا برداشتم |

رفته نوژان طاقت بردن مرا این بار دوش

از اول هم این قدمها از حیا برداشتم

# بازی طفلانه

مستی چرخ نگاهش باده در پیمانه است　　حلقهٔ زنجیر زلفش بسته بر هر شانه است
شب خیال رفتنش از سر کشیده بهر ما　　شاهد این ماجرا بیتابی پروانه است
دام استغنای ما را کی بود راه فرار　　راز تدبیر گرفتاری ما در دانه است
ما سرا پا با خبر از ظن خود گردیده ایم　　هر خطا از دست و پا یک لغزش مستانه است
این سرای زندگی دزدیده گرد اعتبار　　شمع چون از پا فتد از شعله اش بیگانه است
گردش ما دور خانه رسم دیرین قضاست　　اصل مقصد از رضای یار صاحبخانه است
نشه گردیدیم و بیخود عاقل دوران شدیم　　نشهٔ ما جوهر عشق در دل پیمانه است
عاقلان مصروف سربازی دنیا گشته اند　　آنکه راه منزل ما جسته است دیوانه است
قصهٔ قارون و گنج او بزیر خاک برفت　　داستان صد هزاران همچو وی افسانه است
در خرابات مغان افتادگانرا کم مگیر　　گنج نا پیدای گیتی در دل ویرانه است
ما ز روز ابتدا در جستجوی خود شدیم　　چشم خود گر خود ببیند بیخودی در خانه است

تا بکی نوژان بپوشیم چشم خود از زندگی
این جهان بی وفا یک بازی طفلانه است

# بازی گوی و چوگان

دلی دارم که صد منت درونش در نهان دارد / به بازار نفس سودای سود و نی زیان دارد

ز بال خستهٔ خود از طپش افتاده ام امشب / دلم در کوی آن دلبر ز اول آشیان دارد

بپاس تحفهٔ دستش نفس را همنوا گردم / و اگر نه لحظه هایم داستان نا توان دارد

ندارم چشم امیدی بکس در راه دشوارم / که دست بی نیاز او هوای بیکسان دارد

به خود دیدم نظر بر ناتوانی های خود کردم / به بازار محبت هر کسی دیدم دکان دارد

ندارم سوزی از درد دل خود در هوای او / صدایم دود عشقش از حریفان در نهان دارد

درین محفل ندارم میل سرمستی ز نوشیدن / مرا چشم سیاه مست ساقی در عنان دارد

زچشم دیدهٔ دل وا نمودم دیده بر رویش / هزار حیف که این نفس صد پرده یی را درمیان دارد

چو آهوی ختن سر مینهم در راه جولانش / به امیدی که تیری بهر من او در کمان دارد

ندارم ترسی از جانم اگر در راه او بازم / دل هر دم شهید من هوای مهربان دارد

سبکبالی نما نوژان تو در پرواز این بازی

که گوی برد میدانش ز چوگان رو نهان دارد

## باغبانی

| | |
|---|---|
| ساز موج دیدهٔ من ساغر و میخانه شد | دست ساقی گرم چرخ باده و پیمانه شد |
| زاهدم دیگر نداد ره بر سرای مسجدش | سجده ام پاکیزه از پاکیزگی بتخانه شد |
| باغ فرصت رفته از دست در حباب باده ام | قصه های درد من تصویر یک افسانه شد |
| حسرت گلزار ما گردیده قفل پای ما | مرغ دل در دام صیاد باز اسیر دانه شد |
| گلشن هستی ما گردیده رمز اعتبار | محفل ما جلوه گاه ساقی مستانه شد |
| منزل ما حسرت ایجاد رنگ فرصت است | هر کسی از خود برون رفت همدم پروانه شد |
| شور اسرارم نگردید توشهٔ ذوق گناه | خانهٔ دل مسکن و ماوای آن جانانه شد |
| عاقلان گردیده اند مفتون راه و رسم خویش | بار منت جاده پیمای دل دیوانه شد |
| در گلستان جهان من باغبانی میکنم | هر گلی چیدم برنگی زیب این گلخانه شد |

مستی ما گشته نوژان ساز موج بی اثر

بیخودی ما نشان هر دل فرزانه شد

## با می و مینا بیا

ای تو ای الهام عالم ای نفس در ما بیا      هر که را تصویر خلقت جوهر سیما بیا

در خرابات مغان ساقی ندارد باده یی      با خم و با جام و با مینا قدح پیما بیا

گرد هستی در هوا و گوهر بحر سما      از همه عالم جدا در قلب ما تنها بیا

خانهٔ دل را بپایت فرش بوریا کرده ام      ای نوید قلب تارم سینه ام بکشا بیا

جان من بی جان تو کی جان دهد در وقت مرگ      در کشا در جان من ای ساز بی همتا بیا

یک تنی و دو رهی را کی بود رنگ قضا      این تن ما را بگیر و با تن یکتا بیا

حال ما گردیده است گنج حضور دلبری      بعد ازین حالا بیا پیش از دم فردا بیا

محفل ما گرم ساز نغمه های یکدلیست      پیش از آنکه ما دوتا گردیم بسوی ما بیا

ما به گرد خاک پایت سر نهیم از بیخودی      ای تو ای تصویر نقش بال استغنا بیا

کی بود پرواز اوج دامنت نوژان مرا

دست ما کوتاه نمودی با می و مینا بیا

## بسمل بیخانه

موج ما طوفان می در هر دل مستانه است       پیر ما آتش بسر در دامن میخانه است
عاقلان گردیده اند مدهوش استغنای خود       دست ساقی پر ز جام و ساغر و پیمانه است
طعمهٔ زنگ نفس گردیده ایم در هر قدم        جلوهٔ حرص و هوس رنگ در هر خانه است
گنج قارون گشته زیب دامن کوته دلان          گوهر ترتیب عزت در دل ویرانه است
حلقهٔ حیرت کشیده بر سر ما زندگی            هر تب و تاب نفس یک بازی طفلانه است
گر غبار جستجو ها بشکنی در شعله ات         هر تپش در جان تو رنگ پر پروانه است
ربط آهنگ جنونم، لیلی مجنون خود           قصهٔ ما در کتاب عاشقان افسانه است
بال و پر گم کرده ام من در درون خانه ام      هر کجا پا میگذارم خانه و کاشانه است
ما ز هوشیاران عالم دامن خود چیده ایم        گنج ما در دامن هر عاشق دیوانه است
سنبلستان کرده رنگ و بوی موی یار ما         زندگی پیچیده در هر پیچ و تاب شانه است

بال و پر نوژان چه کار آید برای دیدنت
در طریق عاشقی دل بسمل بیخانه است

# بقا و فنا

سایهٔ رنگ لبت بر جام ما افتاده است
ساقی بزم طرب بر زیر پا افتاده است

ساز تزویر فنا دیگر ندارد رونقی
کشتی بی نا خدا دست خدا افتاده است

زندگی گردیده آخر از خودت بیرون برا
سایه را بنگر چسان بر زیر پا افتاده است

دست و پا گر میزنی غافل مشو از ختم کار
چال و نیرنگ زمانه بر قضا افتاده است

بوی گلرا گر نشد احتیاج گلستان شما
سایهٔ برگ نوایش هر کجا افتاده است

کشتیم لنگر ندارد موج طوفان خورده ام
یا که کار ما بدست نا خدا افتاده است

پای حسرت دامن رنگین دنیا بر کشید
خوب و بد از بیخودی در زیر پا افتاده است

کعبه و بتخانه در یک نقطه بر پا میشوند
دل ببین بهر کی و اندر کجا افتاده است

سایهٔ ما زیر پا گردیده است در نیمه روز
ناتوانی را ببین در سجده گاه افتاده است

زندگی در جستجوی مردن است گر بنگری
کار ما از اپتدا بر انتها افتاده است

پای نوژان دامن وصل بقا پوشیده است
گر چه سر تا پا بدامان فنا افتاده است

# بلبل خوابیده

مــن زبــان خامــهٔ دل از قضــا فهمیــده ام
در عــروج چــرخ دنیــا بــی ریــا خندیــده ام

در گلســتان ادب شــاخ گــل نــازم خمیــد
هرچــه آوازی کشــیدم بیخــودی نالیــده ام

در غبــار فقــر پــای ســر کشــی هــا خفتــه ام
زلــف ســنبل را بپیــچ شــانه گردانیــده ام

نــاتوانیم کشــیده بــال اســتغنا بســر
مــن بچــاک دامــن عریــان شــب خوابیــده ام

جــوهر غیــرت ز کــوی بینیــازان چیــده ام
در حــریم بحــر بــی ســاحل مــن آرامیــده ام

نــاز مشــتاقان هــوای الفــت دل میبــرد
عاقبــت را در ازل مــن در خــودم ســنجیده ام

انجمــن گردیــده محــرم محمــل بــی منــزلم
مــن ز درد نــاتوانی رنــگ خــود دزدیــده ام

نســخهٔ انجــام مــا آغــاز مــا گــم کــرده اســت
در گــداز نیســتی تصــویر هســتی دیــده ام

در رقــوم نامــه هــا ســاز هــوس رقصــیده اســت
بینیــازی در نیــاز جــان خــود پالیــده ام

شــوکت فقــرم نــدارد گــر هــوای گــل ســتان
مــن گلــم را از گلســتان جنــان بــر چیــده ام

در تــب و تــاب نفــس گردیــده ام بــی اختیــار
مــن در درگــاه حــق را هــر قــدم بوســیده ام

بــر ســر گــورم مکــن نــوژان فغــان و نالــه یــی
مــن ز درد بــی صــدایی بلبــل خوابیــده ام

# بینیازی

| | |
|---|---|
| نوبهار هستی را نیرنگ امکان کرده ام | ساز الفت در دل خود موج طوفان کرده ام |
| بسمل دردم، ندارم منزلی در راه خود | میل پرواز سفر با عندلیبان کرده ام |
| در طریق دلربایی صید مطلب گشته ام | بی نشانی را نشان تیر مژگان کرده ام |
| منزل ما جادۀ گرم حضور بیدلیست | دل بیاد شمع تصویرم پریشان کرده ام |
| گردش خاک قناعت بر سرم پیچیده است | الفت حرص و هوس را خانه ویران کرده ام |
| حلقۀ دام خفت تنگ ظرفی دنیا شده | من گل گرد غبار فقر بدامان کرده ام |
| جوش پروازم ندارد سردی موج غنا | من بهار خود ز فیض ابر نیسان کرده ام |
| نسخۀ نیرنگ هستی رنگ پرواز دل است | من جهان خلوت خویش خاکساران کرده ام |
| مفلس قانع دهرم در سرای زندگی | صورت آئینه بینان را چه حیران کرده ام |
| درد خاموشی کشیده دامن خود بر سرم | من هوای نینوازی در نیستان کرده ام |
| در جهان حسن لیلی شمع تصویر شبم | همچو مجنون سر به کوه و دشت و دامان کرده ام |

دامن ساز طلب نوژان ندارد رونقی

من سرم از بینیازی در گریبان کرده ام

## پاداش گناه

| | |
|---|---|
| در دبستان جنون من جمله عاقل دیده ام | سر به گردون سوده ام خود را ز خود دزدیده ام |
| منزل ما جادهٔ خاموش فریاد دل است | در تپش همچون صدا در ساز خود پیچیده ام |
| در سواد هر دو عالم تهمت هستی مجو | من فنای زندگی را در بقایش دیده ام |
| حلقهٔ حیرت مزاج شوخی طبع من است | نغمهٔ زنگ نفس را در خودم فهمیده ام |
| خط نقش پا ندارد گر صدا از رفتنش | در عروج نشهٔ خود بی نوا خوابیده ام |
| سر به زیر پا نهم در سر زنی های خودم | در دکان درد خود من با خودم نالیده ام |
| پیچ و خم در زلف جانان راه و رسم زندگیست | من سر بی درد خود بر هر دری کوبیده ام |
| بوسه بر سنگی زنم در کعبه و بتخانه هم | من ترا با رنگ ساز دیده بتراشیده ام |
| اشک درد سوز هجران از درون دیده ام | همچو شبنم هر سحر بر دامنم باریده ام |
| گر غبار جستجو ها بشکنی بینی مرا | لا مکان و جا بجا در هر دلی افتیده ام |
| مجلس آرای هوس گردیده نوژان هر کسی | |
| من به جرم بیگناهی منزل خود دیده ام | |

# پادشاه عالم

صبح تصویرم، ز چشم آشنا افتاده ام — گرد خاک آسمانم، زیر پا افتاده ام
نا گزیر مقتضای درد بنیاد خودم — قطرهٔ نا چیز آبم بی ریا افتاده ام
جاده پیمای عدم گشتم ز روز خلقتم — چون شکست آبله من بر عصا افتاده ام
در مزاق کس ندارم شیوهٔ همبستگی — مست و بی خود با خودم در هر کجا افتاده ام
گر گنهکار حضور بی نشانی بوده ام — بر مزار توبه ام روز جزا افتاده ام
من که خود با خود خود پیچیده بودم در ازل — حیف امروز که از خود خود من جدا افتاده ام
کشتی بشکسته ام، در بحر طوفان میروم — دست من گیر ای خدا با نا خدا افتاده ام
شرمسار سجدهٔ بیبار خود گردیده ام — ساغر دردم، ز گرد نقش پا افتاده ام
آنقدر گردیده ام در نیستیم غرق خود — که از حضور بی حضورم خود نما افتاده ام
نقش پرگار زمانه گشته ام در ابتدا — و از سر این ابتدا بر انتها افتاده ام

پادشاه عالم خود گشته ام نوژان ز شوق
گر چه در فقر خودم من بیریا افتاده ام

# پر پروانه

دست هستی پر ز غفلت دامن دیوانه کرد
گنج تاج شاه شاهان در دل ویرانه کرد

مجمر رقص نظر اسپند ما دزدیده است
پیچ طومار نگاه بس خندهٔ مستانه کرد

شمع محفل مشرب دیوانگی دارد بسر
ساقی مجلس ز پایش جمع پر پروانه کرد

امتحانگاه هوس در سیر راه التجا
کاتب تقدیر ما را سرخط افسانه کرد

سنگ طفلان بر سر ما یاد مجنون میکند
شور لیلی آتش اندر خانهٔ فرزانه کرد

میدهد بوی گریبان دست تقدیر اجل
رهزن پرواز دل هنگامه اندر خانه کرد

ما خراب دیر و کعبه گشته ایم از دست دوست
محرم دل سر بلند از خانهٔ بیگانه کرد

گر طواف کعبه رمز وصل صاحبخانه گشت
از چه رو ما را اسیر باده و پیمانه کرد

خرمن جانم تلاش خاکساری میکند
گریه ام تر خاک او را بر رخ هر دانه کرد

دیر ما گردیده منزلگاه مستان جهان
صد قیامت ساقی ما بر در میخانه کرد

عاقلان دیگر ندارند دست تدبیر عمل
محفل ما را بپا امشب دل دیوانه کرد

بندهٔ آن پیر دیرم که از سر لطف و کرم
جان نوژان را فدای ساقی مستانه کرد

## پرده های راز من

رنـگ تصویر فلـک گردیـده رمـز سـاز مـن    گـوش دل در کـار نمـا تـا بشـنوی آواز مـن

نالــه دارم از جفــا در بــی صدایــی دلـم    آسـمان گردیـده حیـران از پـر پـرواز مـن

مـوج طوفـان نزاکـت گشـته بـوی خلقـتم    سـایهٔ امیـد تـو گردیـده راز نـاز مـن

حـرف دل را کـی بـود آوازی در گـوش هـوا    بـاد صبحگاهان کشـیده دامـن غمـاز مـن

هـر کسـی بینـد دریـن دنیا برنـگ دیگـری    باغبـان رنـگ و بـو گردیـده است گلبـاز مـن

خـاک خـود آتـش زدم در امتحـان سجـده یی    بیـن چسـان گردیـده ابلیـس طعمـهٔ اعجـاز مـن

از نیسـتان وجـودم در گلـو دارم صـدا    پرنیـان عـرش ببیـن رقصیـده انـد در سـاز مـن

نالــه ام دیگـر نـدارد رنـگ تصویـر جفـا    مـژدهٔ وصلـت دمیـده در سـر آواز مـن

شب فـرو بـردم سـرم در خـاک پـا در سجده یی    حـالی بنگـر بـی پـرو بـال در هـوا پـرواز مـن

همچـو شـمع گـر میشـوم آتـش بسـر در محفلم    ایـن کجـا انجـام کـار است، ایـن بـود آغـاز مـن

حیــرت رنگینــم نــوژان از تجلــی خـدا

چشـم صـاحبدل ببینـد پـرده هـای راز مـن

# پروانهٔ دور حرم

نامـهٔ پیچیـده در خـونم ز خـود بیگانـه ام
خامـهٔ دردم، ز عشـق لیلـیم دیوانـه ام

ما و مجنون سر به کوه و دشت و صحرا میزنیم
او چـراغ شـمع محفـل مـن پـر پروانـه ام

باغبـان دیگـر نـدارد دسـتهٔ گـل در چمـن
بـا دل صد پـاره مـن در سنبلستان شانه ام

عاقبـت دنیـا مـرا شـاه جهـان خواهـد نمـود
پیش ازیـن رسـواییم مـن سـاکن ویرانـه ام

در نیـاز سرکشـان آلـوده گردیـده جهـان
بهـر نـا بـودی دشـمن تیـغ پـر دندانـه ام

گـرد خـاک بوریـا ریـزم بسـر در بیکسـی
مـن ز فطـرت در درونـم همـت مردانـه ام

گـردش رنـگ قناعـت در خـودم مـن دیده ام
سـاغر عشـق وجـودم، مـن خـم و پیمانـه ام

نسـخهٔ انجام هسـتی گشـته آغـاز عـدم
مـن هنـوز مشـغول خـود در بـازی طفلانـه ام

داسـتان عاشـقان گردیـده تصـویر جهـان
همچـو مجنـون زمـان در عشـق خـود افسانه ام

زایـران گردیـده انـد پروانـهٔ دور حـرم
مـن ز شـرم نـاتوانی در درون خانـه ام

مـرغ بـی بـال گشـته ام نـوژان درون لانـه یـی
در نفـس غلتیـده جـانم، انتظـار دانـه ام

# پیام سر قبر

مــن یــک فســانۀ خــاموش یــاد رفتــه ام
رنــگ خیــال یــار از گــل غــم ســفته ام

هــر چنــد میکشــم بــرخم رنــگ ایــن جهــان
تصــویر بــی اثــر ز زمــان گذشــته ام

ســازم نــوا نــدارد قلــبم شکســته اســت
در محفــل خوبــان بســی دلگرفتــه ام

از بســکه کــاروان ســفر بــر کشــیده ام
حــالا دگــر مســافر از حــال رفتــه ام

صــیاد از چــه رو تــو نظــر بــر هــوا کنــی
مــن بســته ام بــدام تــو و پــر شکســته ام

دیگــر تــو از بهــار بــه مــن قصــه هــا مگــو
مــن یــاد خــاطرات زمــان گذشــه ام

روزی بــودم حــدیثِ ســر آغــاز زنــدگی
حــالا کتــاب خوانــده و از یــاد رفتــه ام

بــاد آمــد و کشــید درخــت شــباب مــن
امــروز در میانــۀ گلخــن نشســته ام

گرمــی فــزای مجلــس یــاران ز ســوختن
یــاد هــوای خــاطر آن گــل دســته ام

چــون نیســت ایــن جهــان مناســب بــه حــال مــن
مــن رخــت ســفر از بــر ایــن دهــر بســته ام

نــوژان کجــا خــاطر خــوش بــردی از جهــان
مــن ایــن پیــام بــر ســر گــورت نوشــته ام

# پیر بیریا

آن پریـرو جـان مـا را در جهـان دیوانـه کـرد
منـزل مــا را درون خانـهٔ ویرانــه کــرد

عــالم و آدم بســوخت از داغ و درد اشــتیاق
در میــان میگســاران لغـزش مســتانه کــرد

شمع محفـل را نشـد مـانع سـوختن تـا سحر
رقـص بسمل همچو مستان بـا پـر پروانـه کرد

قصـهٔ لیلـی و مجنـون گشـته درس مکتـبش
داسـتان عشـق او را هـر کتـاب افسـانه کـرد

دامـن صـحرا گرفـت و پیـرو دیوانـه گشـت
جنس عقل و هوش خود تسلیم هر فرزانـه کرد

چون بـه بـازار جهان از کس ندیـد یـک الفتی
درب دوکـان بسته رویش را بسوی خانـه کرد

گـرد تصویر بـرون رنگـین نمـود آئینـه را
جـوهرش خـود را ز تمثیـل اثـر بیگانـه کـرد

چشـم مست سـاقی را نـازم کـه دربـزم مغان
پیر مـا را مست و مدهوش بـا خم و پیمانـه کرد

گـه بـه مسجد گـه بـدیرم میکشـاند خصـلتم
رنـگ تصـویرم طـواف کعبـه و بتخانـه کـرد

چشـم بـد دور گشـته بـادا از نظـر در دیـده ام
آتشـم را سـوخته مجمـر گـر سپندم دانـه کـرد

التجــای مـــا نگردیـــد رونـــق دار فنـــا
هسـتی مـا هـم فنـا و هـم بقـا افسـانه کـرد

مــن گــدای آنــدرم نــوژان کــه پیــرم بیریــا
خــاک آن بــر ســر کشــید، مســتی بیتابانــه کــرد

# پیری

ای جوان رو پیشه گیر در کار خود تدبیر را
از تغافل کم مگیر تو گفته های پیر را

زور بازو کی گره از کار دنیا باز کرد
شیوهٔ تدبیر پیران بر کند زنجیر را

گر کمانرا نیست حکمت در طریق کار او
از کجا گردد هدف، آغوش گرم، آن تیر را

گر جوانی گشت بال پر پر پرواز تو
عجز ما بر سر کشد تدبیر رنگ شیر را

سایهٔ عمر جوانی تا میان روز رفت
مزد این سودا غنای حرمت است تاخیر را

چند باید گفت که پیری دور مهرویان مگرد
هر چه را من چاره سازم غیر این تدبیر را

من بدیر و کعبه هردو بسته ام پیمان را
وقت آنست تا درم این پردهٔ تزویر را

گر جوانی ها نوژان راه پیری بوده است
من چه سازم تا ز گردن بر کشم تقصیر را

## تهمت افسردگی

| | |
|---|---|
| شمع عشقم، شعلهٔ خود در هوا آورده ام | نام خود از مهر خاک نقش پا آورده ام |
| میگذارم من قدم در دامن رنگ فنا | جلوه از ساز نوا من در بقا آورده ام |
| وحشتم سامان گرفت از نارسایی های من | دامنم تر گشته، من دست دعا آورده ام |
| صبح از ایجاد تبسم رنگ شب دزدیده است | من نمیدانم که خود را از کجا آورده ام |
| در ترازوی نفس دارم شهین عاقبت | منزل من جاده است من خاک پا آورده ام |
| در خرابات با خرابی بسته ام عهد وفا | خدمت پیر مغانرا من بجا آورده ام |
| شمع تصویرم ندارد شعله بر سر گر دمی | پردهٔ درد دلم را نارسا آورده ام |
| در عروج چرخ عالم خاک پا گردیده ام | من حضور گنج خود از توتیا آورده ام |
| در پناه عافیت من رنگ خود را دیده ام | گرچه من یکتا وجود خود دو تا آورده ام |
| در نیستان دیده ام من حرمت رنگ خودم | حلقهٔ ساز نگاه را در صدا آورده ام |
| شوخی طبعم ندارد مستی میخانه را | تب و تاب هر نفس را در حیا آورده ام |

تهمت افسردگی نوژان ربوده فرصتم
نقد عمر رفته را من در عصا آورده ام

٤١

# جان جهان

جان را چو دهم جانا، من لذت جان بینم / در خلوت تنهایی من رنگ جنان بینم
چشمم چو فرو بندم بر دیدهٔ بینایم / من کرسی و افلاک ز اسرار جهان بینم
در کعبه و در دیر در هنگام سجود خود / تصویر ز پنهان و گهی هم ز عیان بینم
نیرنگ خیالم را در ذهن پریشانم / در ذوق گداز دل من تیر و سنان بینم
در دیر و مغان امشب من شمع شبستانم / آتش بسرم ریزم تا شور ز دوران بینم
من یوسف کنعانم در دامن چاه امشب / عصیان وجود خویش در رنگ شبان بینم
در دوزخ و در جنت رمزی نبود هرگز / من راز گشایش را نیرنگ زبان بینم
در حلقهٔ خاموشان رنگی ز سخن نبود / این بسته دهان خود من گنج نهان بینم
نفرت چو شود ظاهر در ساز وجود دل / معنی کلام خود در چنگ دهان بینم

عمری شده در خلوت من منتظر دیدار
جانم ندهم نوژان تا جان جهان بینم

# جان کندن

در میان گور تاریک من سحر آورده ام — توشهٔ هردم شهیدی را ببر آورده ام

چون نبودم در جهان مشتاق رنگ بی غمی — من ز اشک نا توانی چشم تر آورده ام

من نکردم گر محبت در طریق دلبری — گرد پای دلبران را من بسر آورده ام

آنقدر سائیده ام چشمم بدر از بیکسی — تا به جای مژه در چشمم شرر آورده ام

موج طوفان گشته ام در بستر دریای خود — در سرود ناله ها رمز گهر آورده ام

وضع خاموشم ندارد رنگ ساز بیغمی — شاهد جور و جفا یم، من خبر آورده ام

نبض دل گردیده رنگ صبح تصویر اجل — از خیال زندگی خون جگر آورده ام

گرچه ما حسرت نصیبان رفته ایم از حال خود — نامهٔ اعمال خود من در نظر آورده ام

همچو شمع گردیده ام روشنگر هر خانه یی — شعلهٔ آتش ز شرم سر ببر آورده ام

من ندارم توشه یی در پیش تقدیر قضا — هر چه داشتم در خودم من سر بسر آورده ام

گرچه تلخ گردیده نوژان کندن جان از بدن

بهر خود من از لب یارم شکر آورده ام

# جلوه گاه شعر من

در گداز پیکر من دیده افسون کرده است
آمد و رفت نفس از پرده بیرون کرده است

خانه ساز عبرت جان گشته تصویر ریا
شام امیدم بجانم رنگ شبخون کرده است

در عروج چرخ عالم رنگ من گردیده گم
یک جهان نیرنگ بجانم دیده افسون کرده است

بال وحشت گشته ما را طعمهٔ زنگ نفس
رشتهٔ سازم نوا از پرده بیرون کرده است

دامن صحرا نشوید جرم رنگ لیلی را
حیرت آئینه انشا نقش مجنون کرده است

ربط آهنگ جنون دارد هوای زندگی
داغ خلوت محفل ما رنگ گردون کرده است

یک نفس پیچیده از بالا بخاک ساده یی
احتراز سجده اش را بین کی ملعون کرده است

عاشقان و عارفان گردیده اند رنگ صفا
آتش نمرود، خدا را بین، چه گلگون کرده است

مفلس قانع ندارد ترسی از جور زمان
این معما حل به گیتی گنج قارون کرده است

بی خودی پیمانه میسازد مرا بی خود ز خود
دامنش ساقی ز رنگ باده پر خون کرده است

چون نوای نی، هوس گردیده ساز زندگی
رنگ طوفان ریا را موج هامون کرده است

این جهان گردیده نوژان پرتو رنگ کلام
شعر من را بین چسان این جلوه موزون کرده است

# جنگ روزگار

ناله امشب شکوه از باد سحر دزدیده است / کسوت نقش قدم رنگ اثر دزدیده است

منزل ما محمل بیچارگی دارد ببر / هر کسی بینی ز بحر خود گهر دزدیده است

گنج باد آورد روز و شب ندارد لذتی / دامن گیتی ز دیده اشک تر دزدیده است

پیر دیرم در مغان دارد نشان بندگی / زاهد از دست ریا از ما نظر دزدیده است

های و هوی میگساران دامن خم را گرفت / مطرب ما نغمه را از گوش کر دزدیده است

سرخط لوح خیال دارم بمیدان نبرد / تیر دشمن رنگ تصویر سپر دزدیده است

خار ما گردیده هم منزل بکوی گلرخان / دیده رنگ مژه را از نیشتر دزدیده است

دست تقدیر میدهد بوی گریبان اجل / هر نفس را از تن ما بیخبر دزدیده است

امتحان جیب عریانم سلیمانی کند / گر توانم را ز من یک دیو زر دزدیده است

همتم گردیده نوژان قوت پرواز من
ورنه از من روزگارم بال و پر دزدیده است

## جهان بی وفا

| | |
|---|---|
| این جهان بی وفا بر من سراپا آتش است | جوهر آئینه را تصویر زیبا آتش است |
| شمع جانم محفل یاران که روشن کرده است | شعلهٔ یاد خیالش بزم ما را آتش است |
| جان دل را جز تپش در قید این دنیا نشد | خاطر نارام ما در گیر و دار آتش است |
| گرمی طبع وجودم شعله بر دل میزند | اندرون من زسوز سینه شبها آتش است |
| شور و غوغا سر ندادم نیستم بی درد و سوز | شعله انگیز وجود این معما آتش است |
| آه سوز نا توانان موج استغنا بود | کاروان عجز مجنون سر به صحرا آتش است |
| شعلهٔ بی حال شمع محفل یاران شدم | گرمی مجلس زسوز نالهٔ ما آتش است |
| نا خدا را کشتی عبرت به طوفان میبرد | در درون کشتی ما موج دریا آتش است |

آه درد رهروان نوژان بسوزد این جهان

کاروان راه ما را در کف پا آتش است

## حسرت پروانه

روشنی محفل ما نرگس مستانه است  ساقی ما تا سحر تهمت کش میخانه است

رهزن پرواز دلها گشته رمز بیخودی  وهم پر افشان ناز پیچیده در پیمانه است

شکوه پیمایی ندارد جلوهٔ رنگ نظر  سوز رسوایی ما از دیدهٔ بیگانه است

من شرار محمل شوقم بکوی دلبران  در تپش بر سر مرا هنگامهٔ پروانه است

گر غبار جستجو ها بشکنی در تار زلف  رهزن پرواز سنبل در دل هر شانه است

ما چو مجنون گر اسیر دشت و صحرا گشته ایم  پردهٔ نیرنگ دل تصویر یک افسانه است

عاقلان گردیده اند رشک زمان خودسری  حل مطلب در جهان در گردن دیوانه است

سرو آزاد چمن گر بسته بر ناز خود است  شهرت او از کمال حکمت یک دانه است

ما نداریم میل بازی با زر و زیور دگر  گنج ما مدفون خاک گوشهٔ ویرانه است

رمز قفل دل ندارد گر کلیدی زاهدا  راز ما در هر قدم تدبیر هر دندانه است

سعی ما این لحظه نوژان در حضور گنج ما

رقص بسمل دور شمع در حسرت پروانه است

# حصول بندگی

در چمن از بیخودی من سیر بلبل میکنم
شور محشر از فراق دیدهٔ گل میکنم

مفلس قانع دهرم، در خودم پیچیده ام
خدمت دیر و حرم را با تامل میکنم

دیدن هنگامهٔ هستی ندارد لذتی
تهمت شوخی بخود من از تغافل میکنم

در سواد هر دو عالم خامه ام بشکسته است
نامهٔ درد دلم را پیچ کاکل میکنم

من شراب پختهٔ خمخانهٔ بیخانه ام
هر کجا بینی بجامی ساز قلقل میکنم

پیش نقش هر قدم جزهٔ ز گرد دیده ام
در نظرگاه حقیقت جزهٔ خود کل میکنم

خاکساری را نباشد گر حصول بندگی
با همه وا ماندگی بر خود توکل میکنم

در مزاجم ریشهٔ گرد فنا پیچیده است
خنده بر روزن گرایی این تسلسل میکنم

بر غرور فرصت ما رنگ فردا چیره گشت
لحظهٔ گنج حضور را من تغافل میکنم

وحشتم سامان گرفته از خیال عبرتم
رنگ و بوی این جهانرا جوش سنبل میکنم

آسمان بشگافته ام نوژان ولی من از حیا
دور شمع روی یاران رقص بسمل میکنم

## خاک وطن

| | |
|---|---|
| خاطر آزادهٔ ما از وطن یاد آورد | در کویر داغ دل یادی ز فرهاد آورد |
| سالها بستیم لب و خوردیم غم هجرت بدل | بی صدایی زبان ها دل بفریاد آورد |
| در طریق جان نثاری شهره بودیم در جهان | این پیام غیرت ما مرغ آزاد آورد |
| آن ملالی که او بسنگر با دلیران رفته بود | مادر گیتی کجا مثلش پریزاد آورد |
| بال آزادی کشیدیم بر فراز آسمان | اوج ما لرزه بجان تیر صیاد آورد |
| همت والای مردان در نبرد خاک ما | مردمان عالم دنیا به فریاد آورد |
| قامت بالای زرغونه به میدان نبرد | یادی از بالا بلندی قد شمشاد آورد |
| عشق ما بر سنگ و خاک ملک بی همتای ما | اشک خجلت در نبرد بر چشم فرهاد آورد |
| ما زمانیست از بر آن مادر خود رفته ایم | کی تواند ناز و نعمت وطن یاد آورد |
| لاف حمالان قدرت در میان مردمان | شرم هستی از سرای خجلت آباد آورد |

کی دگر نوژان شود مادر بتو خاک وطن
گرد یاد روی یارانش کجا باد آورد

## خدمت دلها

آمدم درد دلم در خاطرم انشا کنم  ⁣  سینه بشگافم ز غم، در پای تو ماوا کنم

دیده بندم بر تغافل رو بیارم بر حیا  ⁣  چشم دل را از برای دیدن تو وا کنم

خود بپای زندگی ریزم وجود خسته ام  ⁣  صد هزاران دل ز ذوق عشق تو احیا کنم

در خرابات مغان چنگی به چنگ چنگ زنم  ⁣  ساز هستی جهانرا چرخ مستی ها کنم

خاک خود ریزم بسر از بیخودی در پای تو  ⁣  مست و مدهوش در خرابات مغان ماوا کنم

گر نباشد جای دیگر بهر من در زندگی  ⁣  بر کشم از دل نفس عشقت بجایش جا کنم

باغبان باغ تو گردیده ام من در بهار  ⁣  هر سحر چون بلبل آشفته حال غوغا کنم

من بروی جمله خوبان چشم خود را بسته ام  ⁣  تا که جانم را نثار آن قد رعنا کنم

در حدیث موج طوفان غوطه ها بر میزنم  ⁣  تا ز قعر آب دریا گوهرم پیدا کنم

عجز خود من جسته ام در نقش خاک بوریا  ⁣  عالم دنیای خود سودای استغنا کنم

گر سرم باشد به تن نوژان بدان من بعد ازین

با سر و جان از برایت خدمت دلها کنم

## خرابات یقین

غبار دشت بیرنگم، ز خود بیگانه میگردم  بکوی خانهٔ لیلی خود دیوانه میگردم

ندارم طاقت تنهایی خود بعد ازین امشب  بدور شمع محفل من پر پروانه میگردم

ز فیض خاکساری دامن زلف بتان گیرم  به پابوس سر مو رخنهٔ هر شانه میگردم

ز محمود جهان دیگر نگیرم تاج شاهی را  چو بهلول زمان من ساکن ویرانه میگردم

بپای خم رسیدم از سر فرزانگی هایم  ازین بعد با همه فرزانگی دیوانه میگردم

مرا ساقی نباشد میل ساغر در میستانت  زشور دیده و دل من خودم پیمانه میگردم

کمینگاه تغافل میبرد ما را ازین عالم  ز فیض نعمت دنیای نو جانانه میگردم

تب و تاب نفس گردیده بار زندگانیم  بنام زندگانی من دیگر افسانه میگردم

ز دود خرمن هستی بسوز آمد دل تنگم  شکست خاطر دردم، بت و بتخانه میگردم

خرابات یقین گردیده نوژان رمز ایمانم

ز خود بیگانه ام، در کوی یار مستانه میگردم

# خرقهٔ دلق کهن

| | |
|---|---|
| من ز جولان هوس در خود پشیمان گشته ام | در طریقت من جهان رنگ احسان گشته ام |
| نبض دل بشکسته ام در دامن دیر و حرم | در شبستان خیال از کینه عریان گشته ام |
| در خرابات رفته ام من با خراب دیگری | آنقدر از خود برون رفتم که سلطان گشته ام |
| شعلهٔ اندیشهٔ من نامهٔ پیچیده ایست | از خمار حکمت خود من خرامان گشته ام |
| آتشی سوزد اگر در سینه ام با حرص و آز | من خلیلم با همه آتش گلستان گشته ام |
| در غبار هر دو عالم در یقین یک دلم | چشم روزن دیده ام، من رنگ ایمان گشته ام |
| گوهر ذات خودم گردیده ام در زندگی | از حضور نا بکاری ها پریشان گشته ام |
| اشک مژگان پرورم، افتاده ام از چشم خود | صد خیابان در نگاه را داغ جولان گشته ام |
| قطرهٔ آبی درون ساحل تنهاییم | درمیان موج دریا رنگ طوفان گشته ام |
| عجز تقریر خودم من در مقام بیخودی | اشکم و رنگی ز خون تیر مژگان گشته ام |

خرقهٔ دلق کهن نوژان بتن دارم ز شوق

زندگی در جانم و از تن پشیمان گشته ام

## خرقهٔ هستی

در هجوم درد دل صبر و توان لنگر بود / آب و رنگ اعتبار در جان من گوهر بود

سایلان در کوچه و بازار عبرت جان دهند / زندگی با زر و زیور همچو درد سر بود

خود نگر در خود نمایی اصل خود پیدا نما / قدرت آئینه در تمثیل خود جوهر بود

کوه اندوه را میان ناله ها پیموده ام / از قضا دیگر نمیدانم کدام بر تر بود

میروم در عالم گمگشتهٔ گمگشتگان / رنگ بیتابی من در من نفس پرور بود

انجمن آرای شب گردیده زلف دلبران / شانهٔ رنگ سحر در هر شکن بر سر بود

دل گداز ناله ها گردیده است در نی ستان / هر صدا را پوششی از مشک و از عنبر بود

خرقهٔ هستی بجان من ندارد رنگ و بو / عالم دیگر به من یک خانهٔ بیدر بود

شعلهٔ من شبنشینی میکند در محفلان / در سحرگاه بوریا پوشیده خاکستر بود

در خرابات یقین گردیده ام رمز اثر / رهنما و رهبر من خندهٔ دلبر بود

من که بیخود گشته ام نوژان بکوی دلبران

رنگ و بوی من ز جام و باده و ساغر بود

# خوان مهمانی

نسخهٔ نیرنگ هستی در دلم جا میکنم / شهپر آوازه ام را خود تماشا میکنم
حلقهٔ دام نگاه خفته در خواب خودم / با سواد درد افسون دل مداوا میکنم
حیرت آئینه ام در آستان زندگی / گرد خاک بوریا را نقش علیا میکنم
سرخوش نازم ز طوفان جنون در عشق یار / خلوت هنگامه را در خانه برپا میکنم
عالم تصویر وهم پیچیده در جان نفس / با دل شوریدهٔ خود صد گره وا میکنم
ساز الفت را نباشد نغمه یی در زندگی / با دل آزردهٔ خود من مدارا میکنم
صد قیامت کرده برپا شور من در زندگی / جان خود را من فدای رنگ دلها میکنم
شوخی یاسم غبار هرزه گرد دیده است / با هزار نیرنگ جان من دل تسلا میکنم
پردهٔ دود دلم، در قید ساز هر نفس / در گریبان خیال هر لحظه ماوا میکنم

خوان من نوژان ندارد رنگی از آئین و دین
دور آن مهمانی گبر و نصارا میکنم

## خیال یار

شب خیالش آسمان تیره ام را اختر است · اشک من بر دامنم گنجینه یی از گوهر است
هر چه میگویم بخود در خود فراموشش کنم · سایهٔ بار نگاهش از تصور بر تر است
گر چه من در گوشه یی افتاده ام تنها و دور · قصه هایش بر رخ اندیشهٔ من زیور است
قطرهٔ آبم درون موج طوفان خفته ام · حاصل افتادگی در قعر دریا گوهر است
شعلهٔ شمعم درون کلبهٔ ویرانه یی · پرده پوش گرمی ما دامن خاکستر است
من ندارم حاجتی بر گفتن درد دلم · رمز تصویر نگاه شیشه ها از جوهر است
پای ما را گر توان رفتن کویش نشد · سایهٔ برق نگاهش خفته ما را بر سر است
در نیستان وجود من نغمهٔ یکتاییم · هر صدا از هر گلو یک ناله یی را مظهر است
من ندارم میل پرواز در سرای این و آن · رنگ بال من شکسته قدرت من یک پر است
شستشو گر میدهم دلرا ز تصویر جهان · آب آن از قطره های آب چشمان تر است
نقره و زر گر نباشد ارزش آسودگی · خاک پای دلبران بر دامن ما گوهر است
کعبه و بتخانه هر دو خانهٔ عشق دل است · هر کجا ما خانه سازیم خانهٔ آن دلبر است

نیست نوژان را گریز از حرمت دلدادگی
آتش بیتابی او بستر خاکستر است

# دام تعلق

چشم شرم سعی فطرت در حیا خوابیده است
در نفس طوفان سرد بی صدا خوابیده است

شوخی رنگ جنون آئینه دار خلوت است
نشهٔ معنی محفل در نوا خوابیده است

نسخهٔ موج هوس گردیده ثبت روزگار
در عمل چه خوب چه بد رنگ جزا خوابیده است

لغزش مژگان ما اندر نگاه پیچیده است
نوبهار کام دل در راز ما خوابیده است

در مذاق خاطر دل بزم ما مقبول نیست
دیده در شور نوای پر غنا خوابیده است

ما ز اول مست خود در وحدت خود بوده ایم
این تن پیری ز عمر ما دوتا خوابیده است

پردهٔ غفلت کشیده جنس ما را در فریب
هر که بینی چشم باز در این سرا خوابیده است

ساغر دردم، ز جیب بیکسان غلتیده ام
پای من در منزل خود در حنا خوابیده است

حلهٔ تخت سلیمان گر نمایندم ببر
نقش پای من بزیر بوریا خوابیده است

درد سوز سجدهٔ ما گر شگافد آسمان
این سر بیدرد ما در زیر پا خوابیده است

دام تعلق نیست نوژان دور ز پای لحظه ها
هر کجا بینی به کنجی اژدها خوابیده است

# دامان دلبر

اشکم شراب میکدهٔ روز محشر است — دردم ز سوز دل بدرون شعله پرور است

رنگ هوای سر نشود ترجمان دل — زخم میان سینه ام از خود درونتر است

دود نگاه چشم فریبنده در نظر — رقص سپند آتشم در روی مجمر است

بحرم کشیده دست تلاطم ز موجها — جانم بذوق بیشهٔ آرام بستر است

گر ناخدا، خدا شود در کشتی وجود — منزلگهٔ امیدم سزاوار لنگر است

این قطره های اشک مرا بی اثر مبین — هر یک بروی دامن من نقش گوهر است

دل را تو دست کم مگیر در کار این جهان — گر چه عنان توسن راه تو در سر است

گیرم مرا امید نباشد بدیدنش — محراب سجده گاه من در صبح و دیگر است

پرواز دل دمیست که کشیده است دست زکار — عجز نیاز من ز نقش خاک هر در است

نوژان خوشا بحال دل خاکسار تو

که این گرد ره نشانهٔ دامان دلبر است

# دامن افتادگی

دلبر ما یکدمی پا در گلستان کرد و رفت　　آسمان پر ستاره گل بدامان کرد و رفت

ساز غوغای ادب پیچیده در تار نفس،　　هر خط و خالی درین عالم پریشان کرد و رفت

شبنم بیداد گرد دامن شام و سحر　　رونق گل را بدزدی در گریبان کرد و رفت

آتش شمع مرده است اندر گلستان صفا　　شعله انجام دعا را سر به سامان کرد و رفت

شوخی رنگ حضور بیخودی آمد بسر　　شانه تمثیل ادب در سنبلستان کرد و رفت

رهزن پرواز دلها پر شکستن پیشه کرد　　نقش داغ خود سری بر دیده احسان کرد و رفت

موج طوفان نگاهش شرم دریا پاره کرد　　هر کجا ساز نفس پیچیده، ویران کرد و رفت

رتبهٔ عجز طلب گردیده پرواز دلم　　ننگ رسوایی حضور دیده حیران کرد و رفت

مجلس آرای هوس من بوده ام اندر مغان　　یک نگاهش زین گناه جانم پشیمان کرد و رفت

در شب تاریک هجران ساز غوغای خیال　　جلوه گاه دلبرم در من چراغان کرد و رفت

صد جنون دارم بدل دانم که در صحرای عشق　　صد چو مجنون بهر لیلی دیده عریان کرد و رفت

فیض معنی های نوژان دامن افتادگیست
با قلم او در جهان یک لحظه طوفان کرد و رفت

# دبستان جنون

خلوت دل با خودم در پرده تنها میکنم　　از من خود کنده الفت قصه با ما میکنم

مشق عبرت میکنم من در خیابان خیال　　حرف بی آواز دل را مرغ گویا میکنم

بینیاز شهرت خود گشته ام در زندگی　　موج خاموش نهانم، میل دریا میکنم

ضعف پرواز غنا دارم ز پا افتادگی　　در حضور استقامت شوری برپا میکنم

چرخ پیریم کشیده پای من را در قفا　　شکوه از بیحاصلی بی زبانها میکنم

آنقدر گردیده ام غرق سجود بیخودی　　که از نشان گرد پا من رو به بالا میکنم

در گذشت رفته ها گردیده ام غرق و فنا　　من دگر باز، چشم خود بر رنگ فردا میکنم

در کمینگاه تغافل میکنم منزل بزور　　سر به گردون سوده ام من ترک دنیا میکنم

جان خود گم کرده ام در پای امیال بدن　　جان و دل بار دگر در سینه یکجا میکنم

رفته ام دیگر ندارم راه برگشتی بخود　　این همه رفتن نصیب آمدنها میکنم

در دبستان جنون نوژان مکن فرزانگی
من هزاران عقل سر در شور دل جا میکنم

## در پی ویرانه میگردم

| | |
|---|---|
| بساز نیستی من در خودم افسانه میگردم | چراغ روشن گرد سر پروانه میگردم |
| ز نیرنگ وفا دوزم کفن بر جان خاموشم | درون رشته های تار مو دندانه میگردم |
| ز آغاز جدایی گشته ام من یک نفس با او | حضور الفت راهم، ز خود بیگانه میگردم |
| بدیر و کعبه غلتیدم ندیدم غیر خود کس را | نسیم مژدهٔ وصلم، بت و بتخانه میگردم |
| ز شام ما گرفته رنگ موی او سیاهی را | به هر جا میروم من پیچ و تاب شانه میگردم |
| شراب هوش خود ریزم بجام باده نوشان من | ز هوشیاری صدای بیخودی پیمانه میگردم |
| مرا راهی نباشد گر درون کعبه ات امشب | به ذوق سوختن در خود بدور خانه میگردم |
| پر و بالم شکسته همت پرواز کی دارم | بدور خود، بپای خود، برای دانه میگردم |
| ندارم جرات فرزانگی در عالم گیتی | مرا دیوانه گردانید که من مستانه میگردم |
| اگر لیلی نظر ریزد بجان بی بهای من | چو مجنون در بیابان بهر او دیوانه میگردم |

مرا نوژان جدا کردند ز گنج فطرت هستی

ازینرو من شب و روز در پی ویرانه میگردم

# در دنیای دیگر

با خیال خاطرش من شعله بر سر میزنم      همچو مرغی در قفس در یاد او پر میزنم

شب ندارد میل استقبال ارباب سحر      من بپاس خدمت شب می بساغر میزنم

کعبه یا بتخانه گر راهم نداد از روی عقل      بیخودی را پیشه کرده سر به هر در میزنم

گر شب تاریک ما گردیده پایان سحر      آتش سوز دل خود را به بستر میزنم

ور نباشد در قمار دانهٔ من برد و باخت      من سر خود بهر بردن پای شش در میزنم

وصل اگر منظور نگردد با سرود نالـه ام      چون مسافر با دو دستم حلقه بر در میزنم

فال خود در موج طوفان بر تلاطم میکشم      در میان قعر دریا دست به گوهر میزنم

اوج پرواز نگاه را من ندارم در هوا      بال و پر از بهر خود من دیگر کمتر میزنم

هر دری سر میزنم تا راز دل گیرم خبر      از ندامت عاقبت من مشتی بر سر میزنم

این جهان نوژان نباشد از برای زندگی

بهر آسایش در دنیای دیگر میزنم

# در کوی جانان میروم

| | |
|---|---|
| من غبار دشت رنگم در گلستان میروم | با دل پر درد خود من در شبستان میروم |
| رشتهٔ سازم درون نغمه های بی اثر | چون نوای بلبلان در باغ امکان میروم |
| بند نی گردیده ام من بیصدا در زندگی | در هوای فطرت خود در نیستان میروم |
| من شکست رنگ زلف یار صاحبدیده ام | با دل صد پاره ام در سنبلستان میروم |
| آشیان عجز من گردیده ویرانخانه یی | با در افتادهٔ دل من غزلخوان میروم |
| رمز ناپیدای هستی گشته رنگ طینتم | دل بدریا میزنم با موج طوفان میروم |
| مرغ بی بال و پرم افتاده در کنج قفس | بال کشا در کوی جانان من پر افشان میروم |
| ربط آهنگ جنونم با سر شوریده ام | در بهاران خیالم گل بدامان میروم |
| مفلس قانع دهرم در طریق زندگی | جنبش موج غنا گردیده خندان میروم |
| گرد خاک پای یاران بر سرم پاشیده ام | در بساط محمل دل همچو شاهان میروم |
| گنج ناپیدای هستی در دل ویرانه ام | با بهای بی بهایی دیده پنهان میروم |

در دکان این جهان نوژان نیابی جنس ما
من به بازار دگر در کوی جانان میروم

## دست خلقت

دیدمش در میزند من در جهان آوردمش         از خیال وهم بیرون، در میان آوردمش
آنچه بودم آنچه بود یکجا نمودم بی ریا        با خود خود از دیار خود کشان آوردمش
دیدمش چون سر گران در کوه و دریا میرود      با تن خسته ز بیجانی بجان آوردمش
بوده سرگردان امیال جهان بی ثمر            زندگی دادم به او من در امان آوردمش
خفته بود در خاک و گل سفته به آب گنده یی    من نفس دادم بجانش با نشان آوردمش
کردمش من سجده گاه آتش و نور در سما       از برای امتحان این جهان آوردمش
بعد از آنکه او را نمودم عالم فن در جهان     با وقار و با کرامت در جنان آوردمش
چون فریبش داده شیطان از سر بغض و حسد     من خطا بخشیدمش اندر جهان آوردمش

گشته نوژان غرق عصیان لیک پشیمان در عمل
دست او بالا چو شد در آسمان آوردمش

## دعای سجود و قیام

ساقی بریز باده ز مینا بجام ما — امشب جهان گشته به میل و مرام ما

دور پیاله بـوی لب یار میدهد — طعنه مزن زاهد نشهٔ مدام ما

ما زنده ایم به عشق نمیرد صدای ما — عمر حباب برده بحسرت دوام ما

گل در چمن به ناز برد دل ز هر کسی — بلبل کشیده است بغارت خرام ما

ای باد سحرگاه برو بـر دیار یار — بر پای او بریز نوای پیام ما

گر آن صنم نبود ز غفلت بـه یاد ما — آهسته گو بـر دل گوشش سلام ما

ما بیخودی شعار دل خود کرده ایم — مستی گرفته است بدستش زمام ما

تو لقمهٔ حلال خودت صرف کن به شوق — خرده مگیر شیخ، ایـن بادهٔ حرام ما

من اشک خود بـر سر راهت فشانده ام — شاید ز دلسوزی بیفتی بدام ما

نـوژان به شامگاه غریبان قسم که تو

دســت دعـایی! در سجود و قیام ما

## دل فروشی

عالم تصویر خود را سر به سامان میکنم — اشک خود را گوهر ریزان به دامان میکنم

در ترازوی نفس گردیده ام وزن بقا — پیش هر نقش قدم من سر نمایان میکنم

بسکه دارم نگهت گل از رخ لیلی وشان — همرۀ مجنون سفر من در بیابان میکنم

در خروش اهل جا موج پریشان خودم — نذر منزل را فدای تیر مژگان میکنم

ناتوان راه جولان هوس گردیده ام — در نیاز ناز خوبان بسکه بهتان میکنم

شوخی پرواز بیجا بال من بشکسته است — در حضور شرم خود سر در گریبان میکنم

نسخۀ نیرنگ هستی زیب هر دفتر شده — این سراب نا بجا را گر چه پنهان میکنم

در سواد فقر دارم رتبۀ پیغمبری — عرش و کرسی فلک را سر به سامان میکنم

خوان ما گردیده رنگ رنگ خوبان جهان — گبر و ترسا و مسلمان جمله مهمان میکنم

خلوت لفظ قلم دارم بروی سینه ام — نامه ام وقف لقای بی نوایان میکنم

دل فروشی گشته نوژان گرمی بازار دل

من دل خود را به بازار دل ارزان میکنم

## دل هر دم شهید

شبی دلــرا فــدای دیــدهٔ آن دلربـا کــردم — سـرم تسلیم او پـایش ز خـون دل حنا کردم
صفا و نــا صفـای دل کشیدم از درون خویش — به پیش روی زیبایش من این هردو جدا کردم
مزاج یکتنــی کـی ســازش دویـی کند در دل — بپایش قامــت یکتـایی خـود را دوتــا کــردم
زشرم نــا توانی هـای دل سر بر زمین بــردم — درون بحـر استغنا بپـای خــود شنـا کردم
ز بزم بوریـا ذوقم مـزاج فقر در خود داشت — به شکر این غنای خود چه شبها من دعا کردم
بــه تخــت پادشاهی حلـهٔ رنگـین مرا آزرد — سرم را خــاک پـای بزمیـان بوریــا کــردم
بــه زنجیر محبت پـای دل بستم بزنـدانش — بـه بحر حریـت از وصلت او مـن حیـا کردم
بپـای صوفیان سر سپرد بزم خوبـانش — چه شبها مـن دل آزردهٔ خود فرش راه کردم
نکـردم سـازش همزیسـتن بـا مـردم دنیـا — بکنج عزلت خویش درد خود را من دوا کردم

چــه دانم من چه ســازم بـا دل هـردم شهید نـوژان
ز هــر پیونــد بریــدم رو بـدرگاه خدا کـردم

# راه حقیقت

امشب مـی و سـاقی و طـرب جملـه بکـام اسـت  دل در هــوس دیــدن رویــت بــه خــرام اســت
گوئیــد بــه خورشـید سـحر خیـز کـه نیایـد  زاهــد بــدر میکــده در خــواب تمــام اســت
گـر بـاده حـلال گشـته بـه رنـدان خرابـات  بـر زاهـد شـب خفتـه ز بهـر چـه حـرام اسـت
در مجلـس میخـوران گوشـم بـه نـوای سـاز  چشـمم بـه رخ سـاقی، لـب بـر لـب جـام اسـت
عطـر سـر گیسـوی تـو در بـاغ تجمـل  خوشبو تـر از هر سنبلی در پردهٔ شام است
شـرینی دنیـا چـه بـدانم کـه چسـان اسـت  مـا را زلـب قنـد تـو شـیرینی بکـام اسـت
ویرانــه نمــود دوری تــو خانــهٔ دل را  مـا خانـه خرابـان خـراب را چـه مقـام اسـت
مسـتیم و خـرابیم و سـراپا همـه عصـیان  زاهـد تـو بگـو بیگنـه در شـهر کـدام اسـت
گـر محتسـب از راه حقیقـت شـده بیـرون  گـو جـامی بسـر کـش کـه حقیقـت مـدام اسـت

نـوژان تـو سـحر کـن شـب خـود بـا مـی و معشـوق
شاهنشـهٔ دوران ز قضـا بـر تـو غـلام اسـت

# راه زندگی

اشک من درپای تو دریای جیحون شیون است
این گهر در دامن تو لایق افشاندن است

تار ما را کی بود تقصیری از ضعف وجود
رمز سیر آنطرف در چال غار سوزن است

گر نداریم یک نظر از خود بجان خویشتن
این ز تقصیر خود ما یا ز کار دشمن است

کار ما پر پیچ و تاب است در حضور رنگ ما
زینت گل در گلستان در طریق بستن است

کشت ما سالم اگر نیست از کجا باشد امید
هر چه کاری در زمینت حاصلت در خرمن است

کار خوب ما دوای درد مردم میشود
هر چه را بد ما نمودیم بار طوق گردن است

تا به کی در گیر و دار تو و من گردیده ایم
رنگ نابودی ما در این تصور روشن است

گر رویم با این روش ما در مسیر راه خود
این نباشد زندگی بر ما سرای مردن است

این جهان را چون بود رنگ بقای زندگی؟
هر که را بینی سوار کاروان رفتن است

روح و جانرا کی بود نوژان تعلق با جهان
آنچه پیوند گشته در تو گرد و خاک این تن است

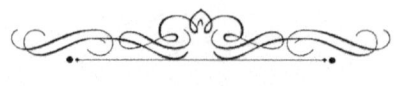

# راه فطرت

من ز خاموشی دل در بحر فریاد رفته ام — با شرین طبعی مزاج در کوی فرهاد رفته ام

رخش موج گوهر بادم درون گل ستان — در کتاب عاشقان دیگر من از یاد رفته ام

ضعف پروازم ندارد شیوهٔ افسردگی — گرچه من از این جهان با قلب ناشاد رفته ام

در گلستان چمن من دانه بودم زیر خاک — در هوا حالا بلند چون شاخ شمشاد رفته ام

در شکست دل ندارم همت برگ گلی — در توان و بردباری راه فولاد رفته ام

نغمهٔ سازم درون گل ستان زندگی — با نوای بیخودی من صوت برباد رفته ام

داد و بیدادم ندارد یادی از بیدادیم — من زخود در زندگی بی داد و بیداد رفته ام

خامهٔ دست خودم، رنگ اثر دارم بدل — در فن نقش آفرینی راه بهزاد رفته ام

نبض احوال مرا داند طبیب درد من — بی پر و بالم، به فکر مرغ آزاد رفته ام

گر قضا گیرد بدستش دامنت نوژان مترس

من ز راه فطرتم در اصل و بنیاد رفته ام

# راه وفا

| | |
|---|---|
| پیچ و تاب زلف یارم حلقهٔ دام بلاست | درطریقت پیروی از پیر دیرم مدعاست |
| ما اسارت پیشهٔ خود کرده ایم در عشق او | این پیام ما هویدا در جهان از نام ماست |
| نقش پای او نگین سجده ام است در جبین | گفتگوی شبنشینان در شهادت پر بهاست |
| سایهٔ نقش لبانش بر رخ پیمانه ام | قصه گوی داستان عشق نافرجام ماست |
| دیده را از خون دل من هر شبی پر میکنم | تا سحر پایش برنگ لاله رنگین از حناست |
| سجدهٔ ما بوسه ایست بر خاک پای گلرخان | نقش پای او کی را در سجده محراب دعاست |
| ساز هستی را نوا پیچیده در دیوان عشق | هر نفس تصویر چرخ رقص بسمل در هواست |
| عشق او دامن کشیده در خیال جان من | تابکی ما را چنین تصویری در حکم قضاست |
| سایه ام گردیده رمز همجواری وجود | خاک پایم سایهٔ سرگشتهٔ روز جزاست |
| قلب من گردید زیارتگاه عشاق جهان | دست مجنون را به محرابش جواب التجاست |

حل مطلب گشته نوژان رفع هر آشفتگی
راه ما راه وفا گردیده این راه خداست

## راهنمایی

ای سـراب دیـدۀ تـو مسـتی میخانـه هـا     رنـگ تصـویر رخت پیچیـده در پیمانـه ها

دسـت زاهـد میکشـد رسـم دعـای نیمـه شب     تـا سحر در گـردش است دور سرت پروانـه ها

عـاقلان صحرا نشـین کـوه لیلـی گشتـه اند     عشـق تـو گردیـده است رمـز دل دیوانـه ها

گـر شهـان انـد غـره بـر دار و نـدار زندگی     پـای مـا را بسـته بر خود کرده است ویرانـه ها

مـن خـودم گـم کـرده ام در پیـچ و تـاب زندگی     وای و بـر حـال دل صـد پـارۀ ایـن شانـه هـا

تـا نگردیـده است خامـوش شـمع جـان زندگی     مـن تـرا در جسـتجویم، در دل افسانـه هـا

حـرص و آزم گشتـه غـرق دامـن دریـای تـو     تیـغ مـن گردیـده عـاری از دم دندانـه هـا

پـای سـرو خـویش ریـزم، بـر زمین، مـن سایـه ام     هـر گلی در زیـر خـاک بـوده اسیر دانـه ها

مـوج مـا دیگـر نـدارد بـا تـلاطـم رشتـه یـی     مـا روان سـاحلیم در بسـتر رودخانـه ها

راه خـود یـا رب بگـردان راه مـا در زنـدگی

گشتـه نـوژان خستـه دیگـر از خـود و بیگانـه هـا

# رقص بیتابانه

هـر کجـا زنجیـری دیـدم قصـهٔ دیوانـه کـرد
گـنج مـا را زنـدگی مـدفون هـر ویرانـه کـرد

ذوق دل آتـش گرفـت در صـبح تصـویر وجـود
هـر نفـس در خلـوت جـان خنـدهٔ مسـتانه کـرد

رهــزن پــرواز دل گردیــده رنــگ بســترم
شـعله بـر پـا رقـص بسـمل بـا پـر پروانـه کـرد

قصـهٔ وصـل تـو گردیـد راز بـی رنـگ دلـم
همـــت پیــری تــوانم دفتــر افســانه کــرد

بـار خـاطر رنـگ حسـرت در دل مـا تـازه کـرد
هـر نفـس در پـای دل تمثیـل یـک فرزانـه کـرد

هجــرت مــا گشــته راه کــاروان زنــدگی
نقـش وهـم دیـده مـاتم از بـرای خانـه کـرد

مقتضــای عجـز مـا گردیـده پـرواز حضـور
راز مـا افشـای عـالم هـر خـود و بیگانـه کـرد

درد مـا از بیخـودی گردیـده رمـز خودسـری
چـارهٔ افتیــدن مــا دیــدهٔ پیمانــه کــرد

بسکه دلـرا سجده گـاه ابـروی تـو گردیـده اسـت
میتـوان بسـته در کعبـه و هـم بتخانـه کـرد

در نظرگـاه وصـالت شـعله بـر پـا میکـنم
گـر سـپند روی تـو در مجمـر مـن دانـه کـرد

آرزوی مــن کشـیده گـرد اسـتغنا بـه سـر
پـای مجنـون سـر بجـای پـای ایـن دیوانـه کـرد

شــعلهٔ مــا گرچــه نــوژان پرتــوی از بیدلیســت
هــر پــر پروانــه بــا خــود رقــص بیتابانــه کــرد

# رقص معرفت

با خدا آشنا شدن رنگ طریق بندگیست
رمز و راز این جهان زنجیر پای آدمیست

سر گزاری در امید سر کشی این جهان
دوری از اصل خود و با خویشتن نا محرمیست

قطرۂ آبم جدا گردیده ام از بحر خویش
خاطر آزرده ام بین درد من از بینمیست

درد دوری و فراق از دامن سر چشمه ام
شاهد افتادگیم در وجودم بی دمیست

آتشی دارم بسر در محفل یاران چو شمع
سوختن در همچو جایی بهتر از هر خرمیست

حاصل شبگردی پروانه پرسیدم ز شمع
گفت که پایم را نگر در عشق او کی، کم، کمیست

سوز زخم ما در آتش خفته، بشنو ناله ام
این فغان ما ز دست ما و از بی مرهمیست

آشنایی با اثر کوتاهی از اصلش بود
آفتابرا در بغل کردن خیال مبرمیست

آتشی خواهم که سوزد این دل دیوانه را
خام سوزی مشق جولان رۂ همرهمیست

این جهان پر گشته از مردم به هر سو بنگری
راه او خلوتسرای انتظار آدمیست

آدمیت پیشه کن نوژان تو در ساز جهان
رقص ما را کم مگیر تصویر زیری و بمیست

## رمز تصویر خودی

قصه های بیخودی ما خلوت هر خانه شد چشم روزن مست گرد دامن پیمانه شد
در غمستان وجود مست هوای دل شدم دار منصوری نصیب دلبر مستانه شد
عاقلان گردیده اند در گیر و دار زندگی خرقهٔ هستی عالم بر تن دیوانه شد
در گمان حلقهٔ دام زر و زیور مشو هر چه بینی عاقبت گنجینهٔ ویرانه شد
عالم آشفتگی در زلف خوبان جلوه کرد رنگ تصویر حیا پیچیده اندر شانه شد
نقد هستی را نباشد نغمهٔ ساز عدم در خرابات یقین این قصه ها افسانه شد
در مزاج آتشین خود مجو رنگ صفا راز تدبیر کلید پیچیده در دندانه شد
در خمستان هوس بی دست و پایی مشکل است هر کجا مرغی رسید او را نصیب از دانه شد
تا بکی جویی جواب مشکلت را در برون عالم تقدیر فرعون چیده اندر خانه شد

تا کجا نوژان ز خود در غفلتی در بیخودی
رمز تصویر خودی در بیخودی پیمانه شد

# رمز عاشقی

شـمع عشـقم، شـعله باشـد پرتـو غمخانـه ام　　هـر کـی رمـز عاشـقی دانـد شـود پروانـه ام

چشـم سـاقی نیسـت مسـت بـادۀ گلفـام مـن　　بیخـودی پیچیـده در رنـگ صـفای خانـه ام

از قناعـت پـر بـود کشـکول گـوهر زای مـن　　سـوته بـر سـر میزنم مـن گـنج ایـن ویرانـه ام

زاهـد هوشـیار تـا کـی درب مـا را میزنـی　　راه دشت و کوه و صحرا گیر کـه من دیوانـه ام

پیـریم گردیـده رمـز گـل سـتان زنـدگی　　مـن دیگـر یـک حـرف از یـاد رفتـۀ افسـانه ام

گـر سـپند روی خوبـان گشـته ام در زنـدگی　　رقـص زردشـتی کنـد دور سـرم هـر دانـه ام

شب بپـای پیـر خـود مست و خـراب خـود شـدم　　سـاقی محفـل شکسـتاند بـاده و پیمانـه ام

نیسـتم مـن خـاک بـی ارزش بپـای گلرخـان　　پیـر دیـر مـا نـدارد لغـزش مسـتانه ام

در خرابـات مغـان مسـتان همـه مسـتی کننـد　　مـن هنـوز هـم پاسبان خـاک ایـن آسـتانه ام

مـن نمیـدانم گـزینم کعبـه یـا بتخانـه را　　هـر کجـا دل رفتـه آنجـا گشـته آخـر خانـه ام

آنقـدر مـن سـوختم نـوژان چـو شـمع در محفلـم
شـیخ و پیـر و مطـرب و زاهـد شـدند پروانـه ام

## رنگ زمانه

هر جا که خود سری ها از خود بسر کشیدم / من تار حسن دیده در جان و تن تنیدم

طوفان جنون کردم در میکدهٔ الفت / از نیک و بد دنیا با جان و سر رمیدم

طوق طواف کعبه از گردنم کشیدم / نور هوای دل را بر خاک در دمیدم

خلوت نشین دهرم در گوشهٔ تنهایی / من پردهٔ اوهام را با نور حق دریدم

آهنگ عدم دارم در هستی دنیا / چون بسمل کوی تو بی بال و پر پریدم

تیر نگاه خستهٔ خود از کمان دل / در دامن عزای شب تار من خلیدم

افسون التفاتم دیگر اثر ندارد / هر جا که سر کشیدم با پا و سر دویدم

در دیر و در مغانم، افتاده بدرگاهت / هر جا نظر نمودم بی تو بکس ندیدم

حیرت پرست عشقم، مجنون کوه و صحرا / در دام کوی لیلی جان از بدن کشیدم

نوژان تو سر تسلیم در پای قضا انداز
من رنگ این زمانه از گرد در گزیدم

# رهرو سرگشته

خرقهٔ هستی خود رنگ شبستان میکنم
در خرابات مغان دل را چراغان میکنم

نقش هستی میزنم در دامن گنج حضور
شکوه من از بیصدایی در نیستان میکنم

در مزاج آتشینم شعلهٔ نمرودی است
من خلیلم آتشستان را گلستان میکنم

خوان مهمانی من گردیده دیر دلبران
گبر و ترسا و مسلمانرا چو مهمان میکنم

نیسوار نالهٔ دردم ز دست روزگار
همچو موجی در تلاطم رفته طوفان میکنم

دلق بهلول زمانرا کرده ام در گردنم
بینیازی در حضور جمله شاهان میکنم

کعبه جویان میروم چون زایران دور حرم
خدمت پیر مغان را در شبستان میکنم

ساز دوکان جنون دارم ببازار وفا
بال خود من دور شمع خود پر افشان میکنم

بادهٔ هستی مرا گر نیست میسر در جهان
این شراب و این کباب بر طاق نسیان میکنم

امتحان بیش و کم دارم به انگشت قضا
زره و خردل ز کار خود نمایان میکنم

رهرو سرگشته ام نوژان بکوی بیکسان
من خودم را از خودم در پرده پنهان میکنم

# ساحل دریا

من درین جنگل سراپا ناله و غوغا شدم　　در خرابات مغان افتاده رنگ پا شدم

یک جهان منزل زدم در کوچه و بازار خود　　تا به خلوتگاه راز هستیم پیدا شدم

غنچهٔ بی رنگ و بو بودم در آغوش سحر　　تا ترا دیدم به رنگ و بوی تو من وا شدم

قطرهٔ غلتان ز کوه و دشت و دامان و دمن　　آمدم بر دامن تو، با تو من یکجا شدم

گرد خاک روزن عالم بودم در کائینات　　در کمال قدرت دست تو من انشا شدم

در سجود نیستی گردیده بودم بی نشان　　در دکان حکمت تو زیب هر سودا شدم

از کل کل گشته ام من پاره یی در جان خود　　در نیستان صدا من نالهٔ اجزا شدم

گرچه از خاکم نمودم جلوهٔ رنگ وجود　　در شب معراج من تا آسمان بالا شدم

شوخی دیروز من گردیده رنگ آرزو　　در شرار محمل عشق خودم فردا شدم

عالم گمگشته یی بودم بتدبیر زمان　　در غبار جستجو های تو من پیدا شدم

بر در میخانه من افتاده ام بی اختیار　　ساغر و پیمانه در بازار مستی ها شدم

موج طوفان گشته نوژان زندگی بر من بسی
بهر آرامش بخود من ساحل دریا شدم

## سنگ مزار

می زنم هر دم بیادت طبل بی هنگام خود  
همچو مرغ بی پر و بال میتپم در بام خود

غافل است از ساز و عیش زندگی درد دلم  
رنگ تو من زنده کردم هر نفس در کام خود

دوره گرد الفت خاکستر جنس خودم  
در حیا گردیده ام آئینۀ انعام خود

در جبین سایلی بینم تقاضا گر دمی  
میزنم جرم گناهی بر در اقدام خود

طعمۀ زنگ نفس گردیده ام در زندگی  
می کشم رسم خیال از بخت نا فرجام خود

طفل آتشخوی من در شعله پنهان میشود  
میزنم آتش سراپا دامن اصنام خود

در تمیز کفر و دین من صفحۀ بی نکته ام  
سیر دنیا میکنم من با دل نارام خود

نردبان اوج عزت گشته راه بام من  
می کشم مرغ هوا از بیخودی در دام خود

بر در میخانه من افتاده ام هر صبح و شام  
می کنم پر از می گلگون ساقی جام خود

همت والای من دارد نشان گرد پا  
می کنم من شاه شاهان جهانرا رام خود

در خروش اهل جا نوژان ندارم من صدا  
بر مزار خود نوشتم در ازل من نام خود

## سوز هجران

درد بیتابی هجران بس خرابم میکند / در میان آتش سوزان کبابم میکند

در شب تاریک درد این جهان بیکسی / در میان ابر ها چون ماهتابم میکند

میکشم جانم بپای هر امید واهی یی / لحظه ها منزل به منزل همچو آبم میکند

میزنم لاف حیا از دوری خاک وطن / آتش شرم زمانه در عذابم میکند

یاد گرمی محبت در درون کوچه ها / خاطر شاد از هوا همچون گلابم میکند

سا لهاست من در قطار وصلتش ایستاده ام / بر امید آنکه تقدیر انتخابم میکند

حله گر پوشد مرا تدبیر استغنا چه سود / یاد خاک دشت و کوهش دل خرابم میکند

من ندارم شب بدون لحظه یی از فکر او / داستان قصه هایش هر شب بخوابم میکند

خاطراتم گشته زیب صفحهٔ جان و دلم / رنگ خونم قصه ها از این کتابم میکند

من نمیدانم چسان روز و شبم گردیده سر / نیستم دیگر جوان او پیر حسابم میکند

تا کجا من بر کشم این بار خجلت بر سرم / مادر گیتیم آخر بی نقابم میکند

من گدای بینشان در سیر دوران گشته ام

هر وطن دار بی وطن در جمع حسابم میکند

## شمع عریان

در جنون بیخودی تصویر حیران خودیم / غرق دریای نگاه تیر مژگان خودیم

گر نداریم اعتبار هستی خود را بدست / سایهٔ رنگ سراب نقش بهتان خودیم

آب از خود رفته ایم در بحر بی پایان خود / در میان موج طوفان گرد دامان خودیم

ساقی محفل ندارد کوتهی در خدمتش / ما اسیر بیخودی طاق نسیان خودیم

چون نداریم میل دیدن گلرخان خفته را / ما سرا پا جلوه گر بر چشم حیران خودیم

خوان رنگین شهان بر ما ندارد قسمتی / ما بدور سفرهٔ بی نانی مهمان خودیم

قطره چون در قعر دریا رفته گوهر میشود / در حصول این گهر دست و گریبان خودیم

گل ندارد ساز رنگ دلبری در بوستان / ما به زنجیر اسارت در گلستان خودیم

گر نبود آسان رسیدن دست و پای لیلی را / همچو مجنون ما اسیر دست و دامان خودیم

آنقدر نوژان بخود پیچیده ایم اندر نوا
که از خموشی همچو شمع در شعله عریان خودیم

# صاحب دلها بیا

ای خلیـل یـک نفـس در دامـن دریـا بیـا
از میـان شـعله هـا بـا سـاغر و مینـا بیـا

چشـم یعقـوب شـد سـفید از انتظـار یوسـفش
ای عزیـز مصـر بـا مـا در شـب یلـدا بیـا

ای کلـیم الله بـزن بـرهم خـدایی بقـر
بـا عصـا و آتـش حـق از دل سـینا بیـا

مـا نـداریم جـز تـن بیجـان خـود در راه گـور
جـان مـن جانـان مـن ای جـان بـی همتـا بیـا

تحفـهٔ عجـزم نگـر بـر دامـن کشـکول مـن
سـوته بـر سـر میـزنم بـا جـان بـا پهنـا بیـا

مـن نـدارم ذوق شـاهی نیسـت مطلـب برتـری
ای نگـاه حـق نگـر، ای سـینهٔ دانـا بیـا

جـان بـی جـانرا چـه باشـد ارزشـی در پـای تـو
جـان بـده بـر جـان مـن جـانم بگیـر جانـا بیـا

جـان مـن گشـته گـرو از بیحیـایی تـنم
ایـن گروگـانم رهـا کـن ای تـو درمانـا بیـا

ای تـو آرام دلـم، آسـان نمـا ایـن مشـکلم
نـور ببخـش تـو منـزلم از عـالم بـالا بیـا

دیـری بـودم بیخبـر در محفـل ایـن انجمـن
سـاقی زیبـا بیـا بـا بـاده و مینـا بیـا

نیسـت مـا را قـدرتی تـا پـر کشـائیم در رهـت
رحـم و کـن بـر مـا و خـود در عـالم ادنـی بیـا

کشـتی بـی نـا خـدایم، غـرق طوفـان گشـته ام
ای خـدای نـا خـدا در دامـن دریـا بیـا

گـر نباشـد رویـی نـوژان از بـرای التجـا
صـاحب دلهـا بیـا بـی مـا مشـو بـا مـا بیـا

# عالم ناز

عمر و ها شد میروم اما سر آغازم هنوز
در جهان بی سر و پا مست پروازم هنوز

در نیستان گشته ام من شاخهٔ بی بو و بر
در گلو از بی صدایی رنگ آوازم هنوز

قطرهٔ اشکم، ندارم سوز خود از دیده ام
بر رخ هر دلبری تصویر غمازم هنوز

باغبان فطرتم در گلعذار این چمن
هر نفس بر روی گل من سایه اندازم هنوز

بازی گرم جهان سر گرمی مردم بود
من برون از این جهان با خود یکه تازم هنوز

سایه بر دامان عشقم، رنگ من بشکسته است
صید دل دارم به دامن، دانه و دامم هنوز

در خیالم نقش وصلت میکشم از رنگ و بو
در میان می گساران قصه پردازم هنوز

رقص دل گردیده دیگر قصهٔ دیرینه ام
در گروه نینوازان نغمهٔ سازم هنوز

سجده گاه آتش و نور بوده ام روز ازل
خاکم و بر خاکساری گرچه مینازم هنوز

در نیستان وجودم گوش بده ای محتسب
گرچه خاموشم نوای ساز آوازم هنوز

لحظه ها گردیده ما را شاهد انجام ما
از تغافل گرم مستی های آغازم هنوز

گرد استغنای ما را گر کشد آسمان ببر
نقش خاک بوریایم، من سر افرازم هنوز

من شراب کهنه ام نوژان ز دوران کهن
گرچه بیخود میکنم یک عالم نازم هنوز

# عالم ناموس یکتایی

ربط آهنگ جنونم، بیخود و دیوانه ام
رنگ تصویر خودم، روشنگر ویرانه ام

شوخی طبعم ندارد رنگ ساز مردمان
در حضور عافیت من رهرو مستانه ام

حلقهٔ حیرت کشیده دیدهٔ من در کمند
دور شمع محفل یاران خود پروانه ام

عاشقان و عارفان گردیده اند رنگ زمان
من کلام آخرین در دفتر افسانه ام

در جنون رفتم بکوی لیلی خود هر قدم
عاقبت من یک نشان عاشق فرزانه ام

سالها گشتم بدنبال می و معشوق چه شد
حال دگر در محفل دل با خودم در خانه ام

الفت حرص و هوس دارم ز نفس سرکشم
بعد از این من در خودم از خود خود بیگانه ام

درگهٔ دیر و مغان بشکستم از هوشیاریم
در جنون من میکشم سر، ساغر و پیمانه ام

من ندارم شیوهٔ لیلی و مجنون زمان
در طریق دلربایی کعبه و بتخانه ام

در گمان حلقهٔ زلف بتان پیچیده ام
سنبلستان کرده ام بر پا گداز شانه ام

کلک تصویر خودم، نوژان ز رنگ آرزو
عالم ناموس یکتایی هر جانانه ام

# فتنهٔ دوران

دل درون سینه میسوزد سرا پا آتش است / ناله در عصیان این ذوق تا ثریا آتش است

نشهٔ تصویر بی رنگی ز جام ساقیم / راه برگشت بسته گشته تا به مینا آتش است

رقص بسمل گر ندانی گرد شمع ما مگرد / محفل ما چرخ رنگ است تا بدریا آتش است

گر نبیند دیدهٔ ما روی زیبای ترا / این جهان تا آسمانش بر سر ما آتش است

سنگ کوه را پاره گرداند تلاطم از میان / هر چه آید از دلش بیرون سرا پا آتش است

دوستان مستانه سازید از شراب مهر خود / زندگی بی جمع یاران بر سر ما آتش است

باغبانرا اعتبار رنگ گل بر دامن است / ورنه شاخ خشک گلخن بین سرا پا آتش است

یا جهان ما ببر گیر یا جهان دیگری / عاقبت تقدیر حب عشق دنیا آتش است

مال دنیا همچو اولاد فتنهٔ دوران بود / عشق هردو معبد دلرا سرا پا آتش است

جام ما را در خفا ساقی بدست ما بده / آب سرد امشب ما تا به فردا آتش است

رقص اسپند گر بود نوژان نظر وردار ما

از نگاه گرم تو در مجمر ما آتش است

# فرزانگی

من چو مجنون در سرای این جهان دیوانه ام
سرو آزادم ز ریشه من اسیر دانه ام

شعله را کی اختیار سوختن ما بر سر است
ما ز جنس آسمانیم من پر پروانه ام

طبع خاموشم، ز رنگ بیخودی دارم اثر
من ز ساز الفت دیر و حرم بیگانه ام

چین کوتاهی ندارد زلف شب در روز من
با دل صد پاره من در سنبلستان شانه ام

ما و مجنون دامن لیلی وشان کردیم بسر
او ز هوشیاران عالم من یکی دیوانه ام

شور محشر دارم از بیتابی درد دلم
شمع تصویرم، ندارم رنگی از افسانه ام

در نیاز عبرت خود گشته ام دور جهان
ناز استغنا نگیرد پای گستاخانه ام

گنج سلطانی ندارد رونق بازار ما
همچو بهلول زمانه ساکن ویرانه ام

در سحر گردیده ام من گرد روزن در هوا
شب درون دل نگهبان خودم در خانه ام

ساقیا خم را شکن در پای من امشب بناز
من سرا پا الفتم، من جوهر مستانه ام

کی بود فرزانگی نوژان ز رنگ این جهان
من از این رو با خودم بیخود زیک پیمانه ام

## کوی پیر مستان

| | |
|---|---|
| چشم ارباب کرم را بر خود حیران کرده ام | تا غبار دیده را تصویر مژگان کرده ام |
| در بساط اعتبار پوچ دنیا خفته ام | آمد و رفت نفس در سینه پنهان کرده ام |
| شب گرایی سحر پیچیده در دامان صبح | پیش هر نقش قدم من سایه بهتان کرده ام |
| با همه وا ماندگی در کسوت چاک نظر | نقش رسم بیخودی را گرد دامان کرده ام |
| میروم در کوی جانان در حضور شرم خود | خلوت پیر مغان در طاق نسیان کرده ام |
| سعی فطرت کی پذیرد جاده پیمایی عدم | صبح تصویر ابد در خانه مهمان کرده ام |
| ساز یکرنگی ندارد رنگ دویی در جهان | دست خود با هر کسی من در گریبان کرده ام |
| آتشی دارم بدل از رنگ نمرودی دهر | من خلیلم شعله را بر خود گلستان کرده ام |
| سرخط عجزم بپای کرسی و عرش فلک | در رهٔ افتادگی افتاده پیمان کرده ام |

میروم نوژان بکوی پیر مستان جهان

من ز هوشیاری خود، خود را پشیمان کرده ام

# گبر و مسلمان

| | |
|---|---|
| ساقی ما تا سحر می در خم و پیمانه کرد | شور اسرار وجود را عبرت دیوانه کرد |
| در نیاز محفل ما آتش شمع خیره گشت | شعلهٔ سوز دل من خدمت پروانه کرد |
| خجلت تقصیر سرو از قد درازی ها گذشت | گنج فطرت دست تقدیر در درون دانه کرد |
| هر که در دوکان دنیا بهر خود جنسی خرید | ساقی ما می بساغر بهر ما مستانه کرد |
| دیدهٔ تصویر نقش داغ ما گردیده کور | دوستان رفتند ز دیر و مستی ها بیگانه کرد |
| سالها گشتم بدور کعبه و بتخانه من | تا که راز قفل دل بی پرده صاحبخانه کرد |
| رنگی از مستی ندارد پیچ و تاب زلف شب | سنبلستان در سحرگاه دست خود بر شانه کرد |
| شوخی لیلی کشیده دامن دیر و حرم | ربط آهنگ جنون مجنون ما دیوانه کرد |
| ما ز استغنا اسیر دام صیاد خودیم | دل ز بیتابی هوای رفتن ویرانه کرد |
| در حرم دیدم نشان دیر ز ساز همدلی | بعد ازان گبر و مسلمان در دل ما خانه کرد |

ما کجا و دل کجا و رنگ یار نوژان کجا

هر رقم بر خود زدیم دل بازی طفلانه کرد

# گریز

زجام چشم میگونت بدل بیتاب میگردم — به آتش میکشم میخانه و من آب میگردم

جنون عشق میگردد شراب جام مستی ها — من از طرز نگاهت رخنهٔ گرداب میگردم

ندارند تارها از خود صدا در محفل یاران — نوا را میکشم از دل خودم مضراب میگردم

ندارم ره بدریای محبت از کمی هایم — من از اشک روان چشم خود سیراب میگردم

نمیدانم من و تو و تو و من از کجا شد — زخود من میروم با تو شراب ناب میگردم

نگاه خاطر ذوقم ندارد رنگ مستی ها — به پای خم فتاده سایهٔ مهتاب میگردم

اگر مجنون ندارد تاب سوز عشق لیلی را — به صحرای جنونش شمع عالمتاب میگردم

بدیر و کعبه گر راهم نباشد نیست افسوسی — بپای منبر مسجد خط محراب میگردم

ز دور چرخ گردونم، اسیر سر گرانی ها — ندامت گر ز چاه بیرون شود من آب میگردم

ندارم من توان روبرو گردیدن دنیا — به هر راهی به چشم رهروان سراب میگردم

نفس در سینه دارد ننگ نوژان از تپشهایش

به تمثیل گریز از جنس خود من خواب میگردم

# گمشده

نالـه را در سـوز دل مـن در صـدا گـم کـرده ام　　مـرغ دل را بـی پـر و بـال در هـوا گـم کـرده ام
وحـدت یکتـایی مـن گشـته تصـویر دو تـا　　مـن خـودم را در میـان یـک دو تـا گـم کـرده ام
دانـهٔ اشـکم نریـزد بعـد ازیـن بـر دامـنم　　گـوهر نایـاب چشـمم در نگـاه گـم کـرده ام
همچـو شـبنم بـر رخ بـرگ گلـی در صـبحگاه　　نقـش پیشـانی خـود در زیـر پـا گـم کـرده ام
حـال دل ز آئینـه پرسـید، مـن نـدانم چـون بـود　　رنـگ تصـویر دلـم را در ریـا گـم کـرده ام
مـوج دریـا را نباشـد شـیوهٔ طوفـان مـن　　مـن تلاطـم میکـنم امـا نـوا گـم کـرده ام
در عـدم کـی میشـود تصـویر روشـن، زنـدگی　　مـن نفـس در تـار سـاز بـی صـدا گـم کـرده ام
تـا کجـا یـا رب مـرا بـرده ز مـن رنـگ ریـا　　سـایهٔ تصـویر خـود بیـنم، تـرا گـم کـرده ام
همچـو مسـتی در خرابـات مغـان دارم وطـن　　ای طبیـبم چـارهٔ مـن کـن دوا گـم کـرده ام
سـایهٔ رنـگ وجـودم گشـته تصـویر جفـا　　مـن خـودم در بیخـودی راه وفـا گـم کـرده ام
در نفـس دیکـر نـدارم ذوق پـرواز هـوا　　نقـش پـا در روی خـاک بوریـا گـم کـرده ام

بـرده نـوژان هـوش تـو گـر از سـرت گـم گشـتگان
بـین چسـان مـن در حضـور تـو گـواه گـم کـرده ام

## گناه من

| | |
|---|---|
| نوای پیر مغان عشق خانقاه من است | صدای خفتهٔ شب زنگ صبحگاه من است |
| مرا چو نیست نشانی ز رنگ جلوهٔ دهر | توان من به تمنای خیر خواه من است |
| کلاه ناز بسر میکشم ز شرم زمان | غلام درگهٔ میخانه پادشاه من است |
| بدیر و کعبه و بتخانه نیست جای دلم | سجود نیمه شبانم بتو گواه من است |
| بپای هر بتی افتم بیاد جلوهٔ تو | درین بساط حضور عشق رسم و راه من است |
| مرا نه سر بوجود است نی ترانهٔ دل | دعای پیر مغان لیک تکیه گاه من است |
| زبان موج ندارد صدای شرم طوفانم | درین سراچه، جنون رمز دستگاه من است |
| سفر بسر نرسیده است ز روشنایی روز | مرا حضور زمان رنگ شامگاه من است |

دلم بخاک بیدلان تو مبر ای نوژان

که دل بریدن من از دلم گناه من است

# گنج پنهان

من خودم را رفته از خود در شبستان یافتم / این جهان را بی قمر در شب چراغان یافتم

تاج و تخت خویش دادم من به شاهان جهان / در دل ویرانه من گنج سلیمان یافتم

سینه پرواز نفس گشت جادهٔ امکان را / نالهٔ مرغ سحر را در نیستان یافتم

نغمهٔ خاموش خود گشتم در سیر چمن / بلبل مست هوا را من غزلخوان یافتم

در درون تارها ساز تپش کردم خموش / تا خدا و ناخدا در موج طوفان یافتم

دیدهٔ دل باز کردم تا ببینم رنگ خود / چشم خود از نارسایی بسکه حیران یافتم

مستی اوهام گشتم در میان درد خود / همچو رندان خرابات من خرابان یافتم

جان خود معذور کردم در قضاوت‌های دهر / حاصل این کشت خود در مرز خوبان یافتم

خدمت دلها کردم با دل افسرده ام / شب خودم در تخت شاهی باغ رضوان یافتم

عمرها با خوب و بد کردم مدارا تا که من / خود خود را با خودم دست و گریبان یافتم

در سرای زندگی نوژان مردم تا در آن / عاقبت ویرانه را من گنج پنهان یافتم

# گنج حضور

در حضـور الفـت جـان مـن بـدن گـم کـرده ام
بهـر تقصـیر زلیخـا پیـرهن گـم کـرده ام

در حـدیث نـی نـدارم شـکوه یـی از نـی سـتان
نالـهٔ سـرد نیسـتانم، وطـن گـم کـرده ام

آنقـدر در جسـتجوی خـود تپیـدم در خـودم
هم خودم، هم خود خود، در خویشتن گم کرده ام

سـوز درد مـن ز آه نالـهٔ نـی بشـنوید
مـن صدا در بی صدایی در دهن گم کرده ام

گـم نمیگـردم چـو مجنـون در بیابـان وفـا
از سـر گمگشـتگی مـن یـافتن گـم کـرده ام

هـر نگـاه بینـی بهـای نـو خریـداری کنـد
در خرابـات مغـان دلـق کهـن گـم کـرده ام

سینه ریزد نـام تـو در هـر تـپش در جـان مـن
بهـر مـردن سـالها شـد مـن کفـن گـم کـرده ام

بیخـودی عریـان عصـیانم نمـود در پـای تـو
در نفـس مـن پیـرهن در پیـرهن گـم کـرده ام

رنـگ و بـوی تـو اثـر گردیـده در لـوح دلـم
بـال و پـر در جستجو مـن در چمـن گم کرده ام

سالهاسـت در آتشـم از فرقـت گـنج حضـور
مـن خـودم، دانم کـه در تصویر مـن گم کرده ام

شـعلهٔ شـمع گشـته ام نـوژان ز بیتـابی دل
رنـگ خـود در آتـش ایـن انجمـن گـم کـرده ام

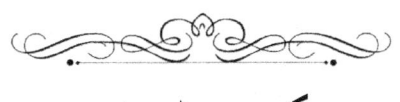

## گنج سلیمان

شب که دیدم پیر خود از عشق او دیوانه بود — تا سحر خم در بغل مدهوش این میخانه بود

رشتهٔ تسبیح من در یاد او فرسوده گشت — زاهد نا آشنا از قلب من بیگانه بود

گرمی من دست کم از روی خاکستر مگیر — جان من آتش بکف در زیر سقف خانه بود

من سپند آتش عشقم درین مجمر ولی — این پریدنها در آتش قصهٔ پروانه بود

گر به مستی خانهٔ دل زیر پا کردم به قهر — من ندانستم که این دل کعبه یا بتخانه بود

بادهٔ ساقی اگر آن کیف دیرینه نداشت — نشهٔ خمار چشمش گردش مستانه بود

در قطار باده نوشان داشتم چندی وقار — تا که مارا آشنایی با می و میخانه بود

در جنون نوژان اگر نیست لذت این زندگی

از چه رو گنج سلیمان در دل ویرانه بود

## گنج نا پیدا

در کتاب عشق مجنون لیلی افسانه ام  ..  رونق هر انجمن من با شمع و پروانه ام

زلف جانان گشته است تصویر رنگ زندگی  ..  شانهٔ عنبر فشانرا من ز جان دندانه ام

سیر باغ هرنفس ما را به جولان میکشد  ..  با وجود یاد دلبر از خودم بیگانه ام

در حرم گردیده ام من گیج سر گردانیم  ..  با بت خود بعد ازین من ساکن بتخانه ام

رنگ شب را زلف جانان کرده رمز زندگی  ..  بهر حل این معما من حریف شانه ام

در بساط پیر خود گردیده ام رنگ حیا  ..  مست و مدهوش خودم غافل ز هر پیمانه ام

زایران گردیده اند دور حرم با شوق و ذوق  ..  من ز شرم بیگناهی در درون خانه ام

بال و پر دیگر ندارم در قفس افتاده ام  ..  در امید فطرت دل انتظار دانه ام

زاهد و مفتی و پیر دیر ما را بر کشید  ..  در هوای زلف جانان بی شراب مستانه ام

وادی عشق جنون گردیده رمز بیخودی  ..  من دگر با عاشقان تصویر یک افسانه ام

من رخ لیلی خود در برگ هر گل دیده ام  ..  پیش مجنون زمانه من یکی دیوانه ام

گنج نا پیدای جیب خالی یکتاییم
گرد خاک کوی جانان در دل ویرانه ام

# گنهکاران

سایهٔ رنگی ز بویی در گلستان بر نخاست
دست عجزی را نیازی در شبستان بر نخاست

در نوای ساز دل آواز شده است بی اثر
آب دریا در شکست موج طوفان بر نخاست

آه سرد یاس دل از اشک مجنون در فراق
در تف داغ کویر این بیابان بر نخاسست

عالمی از خود نمودیم با خبر در زندگی
یک صدایی از دل ما بهر جانان بر نخاست

های و هوی زندگی گردیده میدان نبرد
در قبال برد و باخت ما حریفان بر نخاست

تعلق فطرت نگردید رهبر اعمال ما
خلق انسانی درون خوی انسان بر نخاست

صبر دل گردید ظاهر جوهر آئینه را
رنگ تصویری دران از حسن خوبان بر نخاست

شمع محفل خیره گردید از خجالت در سحر
حیف ازان زاهد که در تار شبستان بر نخاست

بسته گردید چشم امید در طریق زندگی
التجای دست ما از بهر یاران بر نخاست

هر چه در بازار هستی دست نوزان عرضه کرد
یک خریدار از میان جمله خوبان بر نخاست

## لحظه های پر وصال

گهی تـو نقـش سرا پردۀ جمـال منی     سـرود گـرم ز دل رفتـۀ خیـال منی
زخـاک دشـت وجـودم تـو کشـیده یی منـزل     بـه چمنـزار بـی بهـار دل غـزال منی
سحر نگشته مرا شب ز ذوق صحبت تو     بـه آسـمان نفـس رشتـۀ هـلال منی
سحر ربـوده ز مـن رنگ شب پذیر مرا     تـو آفتـاب، دریـن دشـت پـر زوال منی
اگـر نکـرده مـرا رنـگ ایـن زمانـه قبول     تـو سـاز نغمـۀ غـم هـای بـی مثـال منی
سپند تیـر نظـر گـر تـرا حوالـه شـود     نگـاه خفتـه یـی در عشـق پایمـال منی
دلـم شکسـته بـه سـرداب یـخ کشـیدۀ دهر     تـو آن حـرارت یـک لحظـه انفعـال منی
بـدور شـمع رخـت گـر نشـد نظـاره مـرا     تـوان رفتـه یـی از دسـت پـر و بـال منی
مـرا چـه شـد کـه ندانسـتم اعتبـار تـرا     کنـون تـو رنـگ هـوای گـل خیـال منی
مـرا بسـر چـو کشـید باغبـان بـه خانـۀ خاک     کنـون تـو سـرو روان، حاصلـش، نهـال منی

سفـر بـه شهـر بیـدلان نمـوده یـی نـوژان
تـو دلشـکار لحظـه هـای پـر وصـال منـی

# من پیر خراباتم

مــن عاشــق جانبــازم دیوانــه نمیــدانم  در شــعله وطــن دارم، پروانــه نمیــدانم

صــد شــام ابــد خفتــه در روشــنی روزم  مــن جــان خرابــاتم، جانانــه نمیــدانم

بیخــود شــده ام از خــود در عــالم بــی دردی  دیوانــهٔ عشــقم مــن، فرزانــه نمیــدانم

آهنــگ عــدم گشــتم مــن در جمــع یــارانم  موقــوف تیــره روزی، بیگانــه نمیــدانم

طوفــان جنــون دارم در لفــظ قلــم امشــب  افســانهٔ ســوزم مــن، ســامانه نمیــدانم

بازیچــهٔ عبــرت شــده اســت بــال و پــر مــن  افتــاده بــدرگاهم، کاشــانه نمیــدانم

خمخانــهٔ دردم مــن در عــالم بیهوشــی  مــن مســت وصــال یــار، پیمانــه نمیــدانم

مجنــون بــی نشــانم در وادی محبــت  مــن مســت عشــق لیلــی، مســتانه نمیــدانم

در حلقــهٔ دامــم مــن سرگشــته دریــن دنیــا  پــیش قــدم صــیاد، مــن دانــه نمیــدانم

عمــری شــده اســت نــوژان در گــنج حضــورم مــن

مــن پیــر خرابــاتم، ویرانــه نمیــدانم

# من شاخ شمشادم

به زنجیرم میپیچید من صدای مرغ آزادم
نوای حق بگوش محرمان دل زفریادم

به افلاطون عالم کی شوم تسلیم بیدردی
جنون دارم بسر بی تابی عشق است بنیادم

سبکبالم ندارم پایبندی قفس در خود
چو گرد پای یاران من اسیر دامن بادم

نه آتش در بغل دارم نه دود بی سرانجامم
سراسر عشق بیتابی تنیده، خاک ایجادم

ندارم شکوه یی از درد و سوز آتش عشقی
به طوفان آورم اشکم، صدای رنگ فریادم

به خود رفته ز خود بیخود شدم در بیخودی هر دم
نمی آید مرا از بیخودی هایم دگر یادم

کشیده بار غم شرینی صبر وجودم را
به تلخی میکشم این جنس شیرینرا ز فرهادم

ندارم الفتی بر دام تزویر نگاه کس
من آن مرغ سر آواز، انتظار تیر صیادم

به زندان محبت گر کشی ما را چه باک است
من آن جان سبکبالم، ز هر زندان آزادم

مکش نوزان تو بیجا انتظار من درین گلخن
که هر چند زیر خاکستر شدم، من شاخ شمشادم

# من صدای بیدلم

گـر نبـودی بیدلی در ایـن جهان مـن بیدلم — در کرامت نقش گـرد خـاک پـای بیدلم
آنقـدر خوابیـده ام در شـام تـار بیدلان — کـه از غنـای فکـرت خـود در هـوای بیدلم
موج خاموشـم ز طوفـان رنـگ خـود دزدیـده ام — در صـدا از بیصدایی مـن صـدای بیدلم
کعبـه و بتخانـه در دل میـزنم رنـگ رقـم — در سـرود نالـه هـایم مـن نـوای بیدلم
در خرابـات مغـان افتـاده ام در پـای در — مـن خـراب کـوی یـاران در سـرای بیدلم
یوسف گمگشتـه ام، گردیـده رنـگ چشـم مـن — پیـر کنعـانم، نهـاده سـر بپـای بیدلم
آتشـی بـر دامـن لیلـی وشان گردیـده ام — مـن جنـون دارم ز سـر تـا پـا فـدای بیدلم
جـان مـن گردیـده تبخـال حضـور سـوز دل — بیدلم، در بیـدلیم مـن دوای بیدلم
خـاطرم دارد نشـانی از سـر آغـاز سـفر — هـر قـدم در راه خـود، مـن در سـرای بیدلم
کـم مگیـر ایـن جرئت مـن در حریم بیدلان — جوهرم در فطرت خـود، مـن صفای بیدلم
دست تقدیر کـی رهانـد پـای نـوژان را ز دل
عاشـقم مـن عاشـقم مـن خـاک پـای بیدلم

# مینا

نـدارد بـاده امشـب کیفیـت از رفـتن مینـا    دعـای دسـت میخـواران گرفتـه دامـن مینـا

دم حـال را غنیمـت دان و شـکرش را بجـا آور    ز لطـف پیـر دیـر انـداز تـو دسـت در گـردن مینـا

شـراب نـاز چشـم مسـت سـاقی میرسـد بـر مـا    نـدارد دیـده ام پـروا ز خـود بشکسـتن مینـا

نبـرده از تغافـل شـعلۀ شـمع رنگـی از محفـل    سـحر آخـر نمایـان کـرده چشـم روشـن مینـا

مـزن سـاقی تـو طعنـه مستـی مـا در میسـتانت    کـه شـب گردیـده گلبـرگ هـوای دامـن مینـا

نظـر دزدیـده میگـردی بـدور خانـه ام امشـب    بـدل چشـم تمنـای تـو دارد گلشـن مینـا

نگیـرد دسـت مـا را الفـت هسـتی دریـن دنیـا    صبـاح گـر سـر بـرون آریـم ز راه رفـتن مینـا

نـدارد چشـم عریـان قـدرت دیـدن بسـوی تـو    تغافـل پـرده انـداز اسـت برنـگ دامـن مینـا

مکـن آلـوده رنـگ سـایۀ مهتـابیم امشـب    شـفق گردیـده از خـون خـودش آبسـتن مینـا

نگیـرد دسـت سـاقی بـاده را از خـم دگـر هرگـز    کشـیده شـرم خجلـت را ز سـر پـر کـردن مینـا

مـزن نـوژان تـو لاف بیخـودی هرگـز بـرای مـن
هنـوز هـم سـر بلنـد اسـت از کرامـت گـردن مینـا

## نا امیدی

| | |
|---|---|
| در خرابات مغان مستی کند می در سرم | باده و پیمانه بسته پای بال و هم پرم |
| مست مستم بی می و ساقی خود من بعد ازین | بشکنم مینا و بر سر بر زنم من ساغرم |
| گوش من دیگر ندارد طاقت این شور و شر | دل بدریا میزنم فکری ندارم بر سرم |
| چون حبابم، راهی جویم درون موج آب | کی بود آگاه ز طوفان این وجود پیکرم |
| کس ندارم تا حدیث درد دل گویم به او | نقش پا را شسته دیگر راه رفتن بر درم |
| دیده ام گردیده عاجز از شناخت خوب و بد | دامنم گردیده نم از اشک چشمان ترم |
| بال و پر دیگر ندارم بهر پرواز بلند | قید خیل همرهانم، نا گزیر من میپرم |
| بعد ازین دیگر مپرس از من سراغ زندگی | من پیام رمز اسرار جهان دیگرم |
| تب ندارد سر، دلم لیک در درون آتش است | جا گزین گردیده ام در قید پای بسترم |
| سوز جان من ندارد شعله تا تو بنگری | شمع خاموشم ز جنس تودۀ خاکسترم |
| ساغر و مینای من گردیده نوژان زیر پا | |
| چرخ بسمل میزنم من انتظار دلبرم | |

# نا رسایی

تهمت جانکاه دل بی دست و پایم کرده است
رنگ خون عاشقان پا در حنایم کرده است

در ترازوی نفس سنجیده ام روز و شبم
دامن عصیان من دست در دعایم کرده است

وحشتم سامان گرفته در زبان خامه ام
شبنم اشکم بسر کنج ردایم کرده است

در مزاجم ریشهٔ گرد هوای دلبر است
هر قدر من میروم او در قفایم کرده است

عبرت آگاهان دل گردیده اند قاضی ما
رنگ عصیان جهان زنجیر بپایم کرده است

خاکساری اثر گردیده رنگ روزگار
گرد پای فقر بودن در هوایم کرده است

شاه دوران سواد هر دو عالم بوده ام
رنگ تو ظاهر شده در خود گدایم کرده است

سالها عریان شرم خود بخود من بوده ام
حرمت دیدار تو اندر قبایم کرده است

در دبستان جنون من مشق لیلی کرده ام
در شکست روزگار مجنون دوایم کرده است

این دل هرچند میتپد نوژان برای دیدنت
دست تقدیرم بکویت نا رسایم کرده است

## نصیب و قسمت

جنـون عشـق صحرایی رهـی بیگانــه یی دارد     سراسـر آتــش سـوز دل دیوانــه یی دارد

بـه محفل شعله افروزم به پـاس گرمی دلها     سحر گـاه دامـنم بال و پر پروانـه یی دارد

مرا زنجیـر زلـف تو بـه پا ذولانـه پیچیده     به هر تارش خیـال دست یاری شانه یی دارد

تعلـق بسـته گرداند تـرا بـر زندگی حاشا     سـر آزادگــان گـنج دل ویرانــه یی دارد

مزن شانه بزلف خود که میریزد از آن دلها     به صد ها دل به هر تارش بخود یک لانه یی دارد

تحمـل کــردن دنیـا نــدارد لــذت تسـلیم     دل بـی رحـم گیتـی شیوهٔ رندانــه یی دارد

ز جام چـرخ گردون بـاده ریـزد ساقی محفل     دل ما هم ازآن خم در قطار پیمانـه یی دارد

نمیـدانم کجا خواهـد بـرد این بیخـودی ما را     که این دنیا بسر یک بازی طفلانه یی دارد

به دیر و کعبه میگردی ولی غافل از این معنی     که هر دل در میانش بهر او یک خانـه یی دارد

مـزن بـال و پر خـود را تـو نـوژان بـر در و دیـوار

کـه هـر مرغی بـرای خـود بجایی دانـه یی دارد

# نقش بوریا

در دکان رنگ دنیا پا جنون بنهاده است
بیخودی ما ز فیض رنگ جوش باده است

گرچه پرواز غرور پیچیده در نبض وجود
نقش ما با سایهٔ ما در زمین افتاده است

عجز ما را دامن ساقی اگر دزدیده است
راه ما گرد هوای پرده های جاده است

دخل آگاهی دنیا شیوهٔ بی دانشیست
فیض معنی ها درون دانه های ساده است

وادی تسلیم ما در ننک رسوایی نبود
هستی موهوم ما را شور دل بکشاده است

در سراب خجلت تقصیر ندارم شبهه یی
هر کجا بینم به خود بی پردگی ایستاده است

رتبهٔ عجز طلب را پردهٔ یکرنگی است
بوریا بین از کجا در زیر پا افتاده است

گر تعلق برده یی از ساز موج دیده ات
مرحبا، رستن ز خود هنگامهٔ آزاده است

روح ما گردیده نقشی از خیال پرده ها
آنچه بیند دیده در خود رنگ و بوی ماده است

بال عنقا گر کشد رنگ خیال دیده ام
گرد استغنای من در زیر پا افتاده است

این تن ما گرچه نوژان نور عرش عالم است
پای خود بالا زنقش بوریا ننهاده است

## نیستان قضا

در نیستان قضا با خود نوا من کرده ام / نیمه شب ها در مزار دل دعا من کرده ام
شور لیلی در غبار خاطر مجنون تپید / خاطر خود بی سر و پا در هوا من کرده ام
صد قیامت انقلاب ساز فطرت دیده است / تهمت شاهی دنیا بر هما من کرده ام
لغزش مژگان ما گردیده ساز روزگار / تا که خون دل بپای خود حنا من کرده ام
چشم شرم خود بروی زندگی من بسته ام / هر کجا رنگ تعلق بود جدا من کرده ام
گوهر هستی من پیچیده در دریای من / اندرین دریا ز شرم خود شنا من کرده ام
در نیستان وجود من طالب نی گشته ام / قامت خود از برای نی دوتا من کرده ام
چاکی از دامان عریانی ندارم در یخن / پیرهن را پاره پاره از قضا من کرده ام
ضعف پرواز تپش دارد وجود خسته ام / حرمت دل را فدای هر نگاه من کرده ام

من ندارم رنگی از تصویر خود نوژان بسر
رنگ خود در رنگ هر دل بر ملا من کرده ام

# هدایت

جان تو جان من است از من مبر جان مرا    دل شکن اما نگهدار راز پنهان مرا

درد و غم در سینه دارم باک من نیست از عذاب    دست تقدیر کی رها سازد گریبان مرا

خون دل از چشم ریزان همچو باران گشته ام    خشک بگردان با محبت چشم گریان مرا

پا به ریگ و سر به خورشید راه منزل هم دراز    یا الهی گل ستان گردان بیابان مرا

کن قبول بر درگهت این رهرو بیچاره را    جان بده و باز بگردان ماه تابان مرا

من نمیدانم ز دردم چون تو میدانی که چیست    نسخهٔ رحمت بگردان راه درمان مرا

زنده گردان یا بکش یا هر چه خواهی تو بکن    این بود در روز و شب در پای تو ارمان مرا

دیده پوش خود شدم من در سیاهی دلم    باز بگردان بر هدایت چشم عریان مرا

دست و پا در بحر عشقت میزند نوژان ما

روز بگردان در دل دریا شبستان مرا

## هستی ما

قصه گوی امشب ما باده و پیمانه است — چرخ پای ساقی ما لغزش مستانه است

بی صدایی دامن تاریک ما را شسته است — موج دریا در دل طوفان شب افسانه است

راز سر الفت خود را مگو بر هر کسی — گوش ما با راز ما در این جهان بیگانه است

شمع رویش کرده است پرتو فشان هر محفلی — نقش پایش سجده گاه لاشهٔ پروانه است

زاهدان بهر نجات خویش اندر کوشش اند — پیر ما غرق صفایی جوهر آئینه است

خانه را پاکیزه گردان نیست عیبی در عمل — کعبهٔ ما حاصل پاکیزگی بتخانه است

در خرابی خرابات هیچکس معذور نیست — این خرابی های ما گنج دل ویرانه است

جلوهٔ بازار خوبانرا هزاران دلبر است — راه ما ثابت براه دلبر یکدانه است

گرد مارا نیست طوفان در دل تاریک شب — لرزشی از بیخودی در پایهٔ این خانه است

هستی ما گشته نوژان حاصل پیغام دهر

شمع رویم انتظار گردش پروانه است

# همت پروانه

در دبستان جنون دل بیخود و مستانه شد
منزل ما رنگ ساز هر تغافلخانه شد

صد قیامت کرده ساقی در میستان خودش
پیر محفل از خرامش بیخود و دیوانه شد

جاده پیمای عدم را کی بود رنگ بقا
لحظهٔ ما وقف چرخ ساغر و پیمانه شد

در حضور الفت جان بیخودی آمد بیاد
طبع خاموشی نصیب هر خود و بیگانه شد

شعلهٔ اندیشه دارد شمع ما امشب بسر
رقص بیتابی نصیب هر پر پروانه شد

حلقهٔ زلف بتان گردیده شام عبرتم
سنبلستان از حسادت رنگ و بوی شانه شد

ما و مجنون رهسپار کوه و دامان خودیم
قصهٔ لیلی ما در هر کتاب افسانه شد

پیر ما دیشب ز مسجد بر در میخانه رفت
ساقی از افسون فطرت بیخود و دیوانه شد

مرغ دل برده ز یاد پرواز ایام شباب
در قفس بی بال و پر با ما اسیر دانه شد

موج گوهر طینتان گردیده طوفان وجود
گنج ما بیرون ز کوی دامن ویرانه شد

شمع ما روشن نما نوزان تو در بزم حضور
رنگ ذات ما فدای همت پروانه شد

# همت فرزانگی

بیخـــودم مـــن در خرابـــات ســـاکن ویرانـــه ام  دور خـــود گردیـــده ام مـــن، در درون خانـــه ام
غنچـــهٔ بـــاغ ازل مـــن بـــوده ام در ذات خـــود  یـــک دو ســـال و مـــاه و روزی مـــن اسیر دانـــه ام
نقـــد و جنس خـــود بـــه بـــازار محبت بـــرده ام  مســـت بیتـــابی خـــود از ســـاغر و پیمانـــه ام
کشـــف عبرت میکـــنم از دور چـــرخ روزگـــار  مـــن خـــودم رنـــگ شـــرابم بـــی خـــود و مستانه ام
قفـــل دل دیگـــر نـــدارد گـــر کلیـــدی غـــم مخـــور  یـــک جهـــان تـــدبیر دستم، مـــن خـــودم دندانـــه ام
قصـــهٔ مجنـــون و لیلـــی در دل صـــحرا بریـــد  در کتـــاب عاشـــقان مـــن خـــود یکـــی افســـانه ام
ســـنبل زلـــف بتـــان گردیـــده رنـــگ و بـــوی مـــن  در خـــم هـــر کوچـــه مـــن دندانـــهٔ یـــک شـــانه ام
همـــت تمکـــین نـــدارد شـــعله از بیتـــابیم  تـــا ســـحر رقصـــان بـــدورش چـــون پـــر پروانـــه ام
مـــن خـــرابم بـــا خرابـــی در خرابـــاتم بریـــد  مـــن ز شـــهر و شـــهریان آشـــنا بیگانـــه ام

عـــاقلان نـــوژان ندارنـــد همـــت فرزانگـــی
ســـر بـــه صـــحرا میـــزنم از عشـــق او دیوانـــه ام

# رباعيات

## رمز زندگی

زاهـد خبـری نیسـت تـرا از دل مـا          در آمـدن اینجـا نیسـت مشکـل مـا
مــا در غــم فــردای قیامــت هستیم          تـا بـاز چـه سـازند ازیـن آب و گـل مـا

## درویش کوی یار

مـا سجده بپـای تـو شب تـار کنیـم          هـر بـود و نبـود خـود بـه بـازار کنیم
کشکـول قلنـدری بـه شـانه زنیـم          مـرغ سحـری بـه لانـه بیـدار کنیم

## آخر خط

صـد سـال اگـر تـو زنـده باشـی          آشـکار بمـا، یـا درون پـرده باشـی
روزی رسـد مثـال صـد هـای دگـر          تـو هم بـدرون این خـاک مـرده باشی

## نابودی و تکامل

مـا حلقـهٔ زنجیـر در تکامـل هستیم          گهی زنـده گهی مـرده چـون گل هستیم
فرقیسـت میـان مـردن مـا و گلـی          گلها مـرده اند، مـا در تکامـل هستیم

## جهان بی وفا

در دیـر مغـان چـو گـم نمـودم جـانرا　　در مسـتی کشـیدم عیـان و پنهـان را
دیـدم صـنمی گرفـت دسـتم ز حیـا　　گفتـا بگـذار ز دسـتت ایـن جهـانرا

## خرابات و مناجات

مـا خانـهٔ دل را چـو خرابـات کـردیم　　سـر در کـف پـای تـو مناجـات کـردیم
کشـکول غنـا چـو ربـودیم ز بهلـول　　در پـیش شـهٔ شـهان مباهـات کـردیم

## بیخودی

دیشـب همـه شـب سـاقیان همدسـت شـدند　　غوغـای غـم و درد جملگـی پسـت شـدند
هوشـیار دریغـا نبـود در محفـل مـا　　هـم زاهـد و هـم محتسـبان مسـت شـدند

## وعده سر وعده

روز اول وعـده بـر وصـالم دادی　　ازکـنج لبـت بوسـهٔ خـالم دادی
حـالا کـه خـزان عمـر آمـد بسـرم　　وعـدهٔ دگـر از مـاه و سـالم دادی

## بد نامی

ای خواجه اگر تو اسیر هر دام شوی        بسته به ساغر و مینا یا جام شوی

مگذر تو ازین کوچهٔ مستان، خراب        ما خود ز خراباتیم، تو بد نام شوی

## زمزمهٔ پیر

دوش گفت پیر من در گوش من پنهانی        نیست کس بی درد و غم در جهان میدانی

دستت بده تو بمن به مهربانی        تا باز رهانم ترا ز سر گردانی

## ریا کاری

زاهد ز چه بر طعنه گیری مستانرا        تا چند بسر کشی حیله و دستانرا

دلق کهن ریا به بازار ببر        یا جامه بدل کن یا آتش زن آنرا

## قدر دانی فرصت

یاران که اسیر بند آداب شدند        پروانه بدور شمع اصحاب شدند

روزیکه زمانشان به پایان رسید        از دار نفس رسته و در خواب شدند

## فارغبالی

ما مست و خرابیم در کنج خرابات / از خود برون رفته، فارغ ز خیالات

نی بیم عذاب و نی امید رحمت / فارغ ز جهان و جمله مباهات

## گرد روزن

این خاک سر کوچه نگاری بوده است / یا عارض زیبای یک یاری بوده است

این گردی که از قدمها بر میخیزد / خاک صنمی، یا ز دلداری بوده است

## غمگساری

جامی تو بیار از شراب گلگونم / تا که از سر ببرم غم گردونم

غم را خو نمیشود ز سر بیرون کرد / مرحم بزنم من بر دل پر خونم

## مثالی در جهان

ای خاک که اندرون جان میگردی / روزی برسد که تو نهان میگردی

گرد تو دمی به رقص روزن آید / وانگه تو مثالی در جهان میگردی

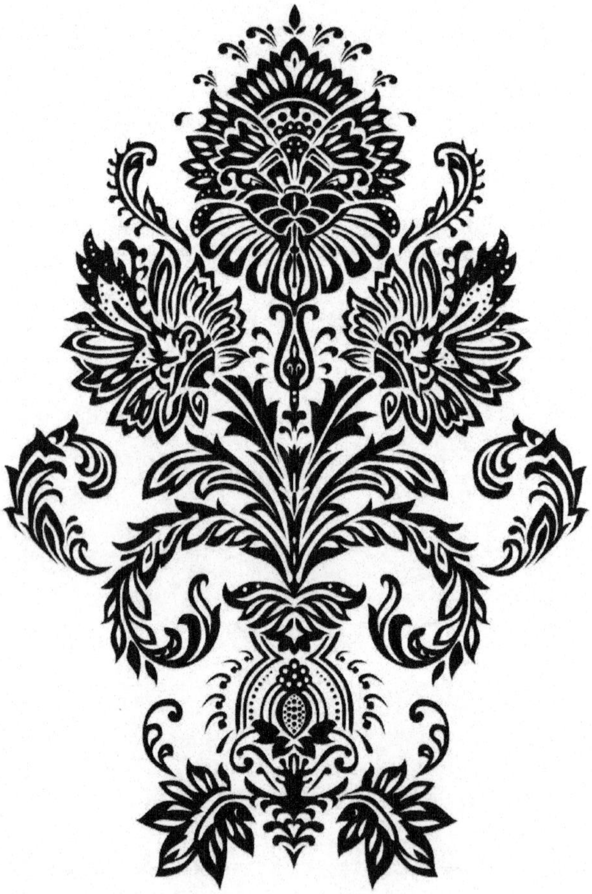

# اشعار امروزی

## استغفار

دوش دیدم من خدا را مست جام حکمتش

خنده بر لب داشت اما
فکر دیگر بر سرش

دیده را نا دیده کردم

جان خود از تن جدا

تا دمی گویم با او

قصهٔ دیرینه را

گفتمش من نیست بودم هست کردی جان من

جسم من را زنده و عالم همه حیران من

دادی صد ها نعمت عالم به من

لیک من در این بساط زندگی

سخت کردم بهر خود بی حرمتی

با نخستین قدرت جنبیدنم

کوفتم با مشت و پا بر مادرم

وانگهی بهر تماشای جهان

بر دریدم باز جان مادرم


چون جهان دیدم اصل خویش کردم زیر پا

پای خود را از گلیم خود فرا تر ماندم


کشتم و بستم هر کس یافتم

بادهٔ پیکم نمودم

خون همنوعان خود


دیده را بستم به حق و نا حق این بندگی

آنچه طبعم را برابر گشت با آن ساختم


عقل خود کردم فدای عیش و نوش زندگی

من خطا کارم، گنهکارم، براه بندگی

چون نمودم قصهٔ خویشم تمام

جوی اشکم دامنم را تر کرد

لرزه بر جانم فتاد از ترس و وهم

توبه کردم از خطا های خودم


باز دیدم من خدا را مست جام حکمتش

خنده بر لب داشت اما

فکر دیگر بر سرش


گفت میدانم چه ها تو کرده یی

پا ز حد خویش بیرون برده یی


لیک حالا بر درم افتاده یی

دست خود ده چون پشیمان گشته یی

من ترا بخشم به هر چه کرده یی

# بهار

بهار آمد کجا شد،

آن مزار لاله زار من؟

وطن بیگانه گشت یاران سرگردان،

چه آمد بر سر آن گلعذار من؟

شفق دیگر ندارد خون عاشق در نهاد خود

صدای بلبلان مردند یارب،

چه آمد بر دیار من؟

سپید شد چشم برفش نیست او را عزم رفتن

نه گل روید نه بلبل ناله دارد،

چه آمد بر بهار من؟

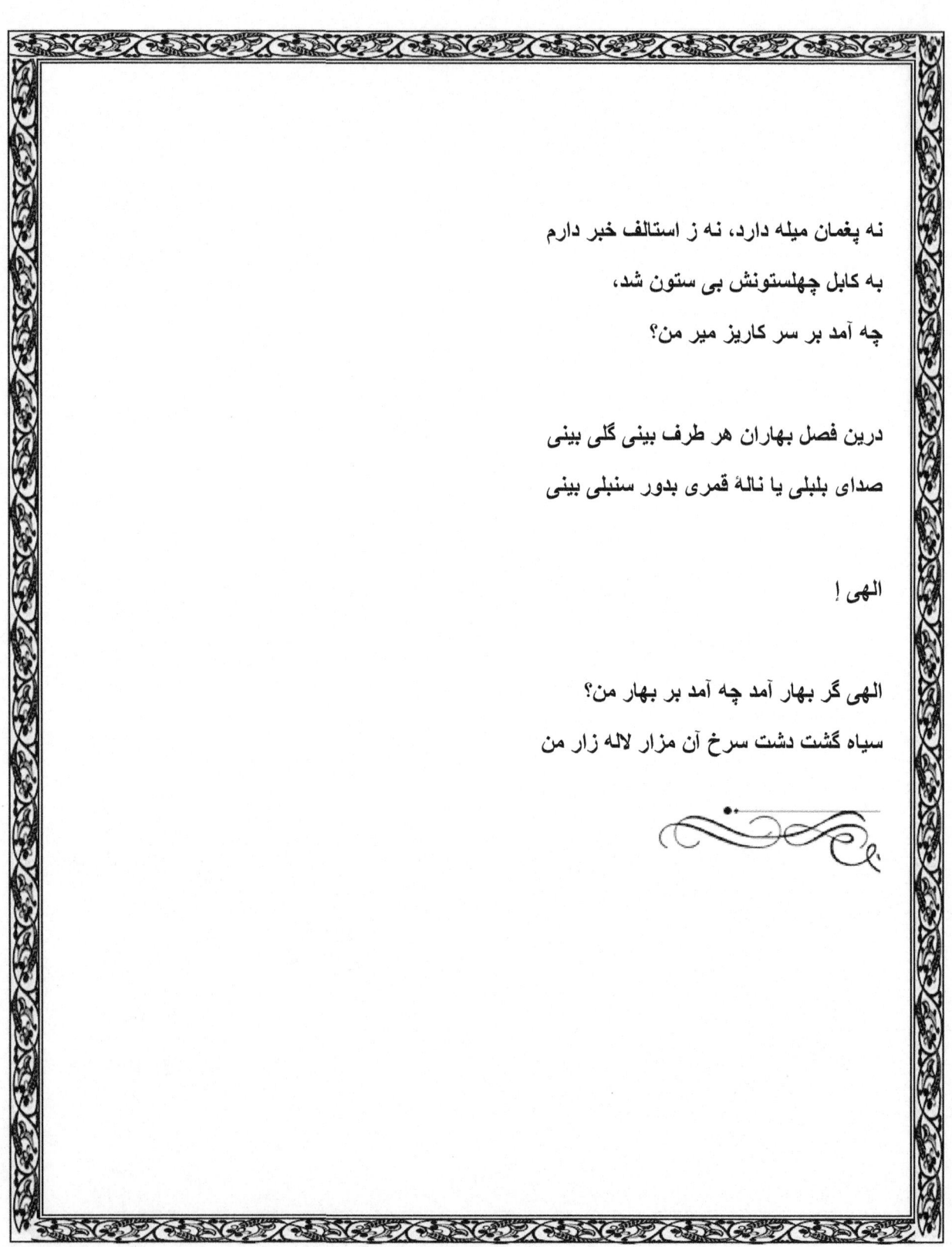

نه پغمان میله دارد، نه ز استالف خبر دارم

به کابل چهلستونش بی ستون شد،

چه آمد بر سر کاریز میر من؟

درین فصل بهاران هر طرف بینی گلی بینی

صدای بلبلی یا نالهٔ قمری بدور سنبلی بینی

الهی إ

الهی گر بهار آمد چه آمد بر بهار من؟

سیاه گشت دشت سرخ آن مزار لاله زار من

## خاطرات قدیم

یکشب ز خاطرات قدیم در خیال خود
آن قامت رعنای ترا زنده ساختم

در لابلای زلفکان موج خیز تو
خود را و زندگی را،
افسانه ساختم

بهر نجات وجود نبوده ام
بر قله های مرمرین سینه ات،
بهر خودم،
لانه ساختم

لغزیدم اندرون حریم میانه ات
بیگانه وار لیک،
هزاران بهانه ساختم

وقتی که یافتم خود را به پای تو

جانرا ز یاد بردم و دلرا،

یکسره دیوانه ساختم

## دختر شب

امشب دل من ز خانهٔ من

با ساز و ترانهٔ من

در خلوت پرواز سحرگاه

آهسته و آرام،

بسوی فردا میرود


آب حیات نسخهٔ بیرنگ هستیم

با قطره های ناز، ز جام خیال من

با صد هزار راز

در بستر دریا میرود


تو ای فلک نگاه به زمین کن که دخت شب

پیچیده در کرشمهٔ رنگ نگاه من

با جامهٔ سپید

دامن کشان، به محفل دلها میرود

ای ساربان!

ای ساربان که میبری تو محمل دلم

آهسته پا گذار بدشت وجود من

مجنون بخواب رفته و امشب بکوی او

صبح بهار زندگی من،

لیلا میرود

مطرب مزن تو نغمهٔ شادی برای من

جان بجان خریدهٔ بابا

در زندگی تازهٔ دور زمان خود

در دور دست های دور

بی ما میرود، بی ما میرود

## عشق نا فرجام

دیشب صدای پای غم آلود سالها
در کوچه های سرد دل بی قرار من
اوراق یاد خاطره ها را مرور نمود

دیدم چه خوب دست بدست زیر نور ماه
در سایهٔ تاریک و دل انگیز پر سکوت
از راز های دل خویش
قصه میگفتیم

از داستان خیالی زمانه ها
از عشق شگوفان فردا ها
از وصلت تنهایی دلهای بیقرار
با هم فسانه میگفتیم

پای صدای رخنهٔ درد فراق را
از کوچه های پاک دل پر امید خود
خنده زنان بیرون میکشیدیم

دست نیاز خود ز سر اشتیاق دل

در دامن خدای سکوت زمانه ها

بی باکانه می انداختیم


امشب بخاطر تاریک قلب من

نقشی ز تو و از آن خاطرات تو

دیگر نمانده است


ای کاش

ای کاش با تو و با عشق نا فرجام تو

هیچ آشنا نمیشدم

هیچ آشنا نمیشدم

## قصهٔ یک خواب

نغمهٔ پرواز عشقت از سر بام دلم
خندهٔ جام شراب ناب را ماند

ابر بی باران اندوه نگاهت
در درون آفتاب دیدگانم
نیلوفر پژمرده در مرداب را ماند

قصه های ساز عشقت در دل بیتاب من
نعره های جنگل بیرنگی سرداب را ماند

خاطر افسردهٔ یاد های نا فرجام تو
عمر کوتاه چراغ آفتاب،
در دل مهتاب را ماند

وعده های سرد و بیرنگ لبان دلفریب تو
نسخه های چال و نیرنگ
در دل گرداب را ماند

سینهٔ صد پارهٔ من در امید مرهمی

نالهٔ زنجیر پای بندهٔ ارباب را ماند

رنگ و بوی خاطرات چشم رقصانت بدل

سایهٔ تصویر ساز پردهٔ رباب را ماند

دل سپردن بر امید وصلت دیدار تو

خوب میدانم،

بار دیگر،

قصه یک خواب را ماند

## قوم آزاد

تو شاهین کدامین سرزمینی،
که از چنگال خونینت
ندارد خواب ایمن در جهان
یک شب رقیبانت


نه آن چنگیز خونخوار و نه آن انگلیس مکار را
تو دادی فرصت خفتن
به کوه و دشت و دامانت


به زار روس و استاد کمونزم
تو دادی درس عبرت
کشید از لست عالم نام لینن
شهامت کاری نا ترس جوانانت


به خیبر ناله دارد انعکاس سم اسپانش
سکندر راه میجوید ز ترس حملهٔ آن راد مردانت

صدای نعرهٔ آزادگانرا

بگوش عالمیان

رسانده گرد و خاک کوه و دامانت


تو ای افغان آزاد از کجایی؟

به کردستان و ایران و به هندوستان و بغداد

رسیده مرز تاریخت، قدامت های داستانت


تو شاهین کدامین سرزمینی،

که از چنگال خونینت

ندارد خواب ایمن در جهان

یکشب رقیبانت

## کاش یکی افسانه یی بود

مرا روزی درین عالم بزیر آسمان چرخ گردون
بپای کوی بابا و کنار دره خیبر
بکابل شهر زیبا خانه یی بود

به هندوکش قسم در سینهٔ دریای آمو
بپای بت صنم های بخاک افتادهٔ بامیان
بزیر کاسه برج آن سنگر انگلیس شکن
یکی کاشانه یی بود

به گلبار و به گلباغ و به استالف به پغمان
به شهر نو به کارته
به چاریکار به گلغندی به قرغه
به شاخ نسترن در چهلستون باغ
مرا یک لانه یی بود

به هر کنج وطن در پای هر سنگش

بر روی خاک جانپرور

درون کوچه بندی های تنگش

مرا منزلگهٔ ویرانه یی بود


کنون بی خانمانم از وطن دور

مرا نی لانه یی

نی آشیانیست


الهی !

الهی کاش این روز سیاهم

درین ایام نا فرجام گردون

یکی افسانه یی بود

# لا اله الا الله

شبی کردم حکایت با دل خویش
به جنبش آمد عرش و آسمانها

ندای عالمیان زنده گردید
گرفت پای جهانرا دست دلها

ملایک صف بستند،
سجده کردند کوه و دشت و دامن صحرا

صدای مرغکان از پای گلها
کشید سر تا میان موج دریا

شیاطین بسته بر زنجیر کردند
نمودند دامن گیتی،
صفا ز آلودگی ها

زمین و آسمان با هم یکی شد
نماند هیچ فاصله در بین دنیا

بدیوار زمین گوشش فرا داد
خداوند از ورای آسمانها

شنید در کلبهٔ ویرانهٔ دور
یکی بنده بصدق دل میگفت
که: " لا اله الا الله "

## من بدامنت ستاره میریزم

وقتی خیال ساغر چشمان مست تو

صحرای سرد خالی دلرا

گرم و دلنشین میسازد

من بدامنت ستاره میریزم


وقتی نوای زنگ سرود خیال تو

در گوش بیصدای وجودم

در سایهٔ سکوت دل انگیز لحظه ها

غوغا و شور بپا میکند

من بدامنت ستاره میریزم


وقتی صدای پای سرود شبانه ات

در کوچه زار های دل بیقرار من

با چنگ و چغانه میرقصد

من بدامنت ستاره میریزم

وقتی شب سیاه دل خواب رفته ام

در پرتو مهتاب روی تو

رنگ سحر میگیرد

من بدامنت ستاره میریزم


وقتی درون خالی سرد نگاه من

طوفان یاد خاطره هایت را

در وادی بی روح رخم رنگ میزند

من بدامنت ستاره میریزم


وقتی مرا ز چشمهٔ عمر جوانیم

آب بقا نباشد

در راه باز گشت به اصل وجود خود

آهسته، بی صدا

من بدامنت ستاره میریزم

من بدامنت ستاره میریزم

# گلبرگهای معرفت

## سیر معرفت

عشق جیحونی بود چون توسن وحشی دهر　　　هر سواری را سلامت کی به منزل میبرد

## تجلی

گوهر ذات الهی در جهان یکتایی است　　　جلوه ها صد ها هزار بر ما نمایان میشوند

## انگیزه

عاشقی گرچه نشان فطرت انسانی است　　　آتش شوری بکار است تا تمنا بشکفد

## مراد

گر دعا، خواستن بود از گوهر ذات ازل　　　استجاب التجا اندازۀ قابلیت است

## گوهر ذات

رنگ بی رنگی ندارد کثرت ذات وجود　　　موسی و فرعون جدا گردیده از نیرنگ رنگ

## قطع تعلقات

همچو نی خالی نما خود از غبار زندگی　　　نغمۀ ساز نفس را بین چه موزون میوزد

## نی

نی بود خالی ز هر چه عالم ما پر نمود       سوز و سازش از نوای عالم دیگر بود

## انسان و ملک

هر ملک در قالب خود تا ابد یکرنگ بود       آدم آدمتر ز عشق آدمیت میشود

## ارتقای آدمی

جبریل کی جبریل تر میشود در عمر خود       آدم آدمتر ز هر پرده دریدن میشود

## مساوات

بسته کن دوکان گبر و هندو و یا مسلمت       در دکان رحمت حق، رنگ، بی رنگی بود

## خود بینی

زاهدا منگر خودت در شیشهٔ خود بینیت       چهرهٔ آئینه از آهت مکدر میشود

## عبادت و ایمان

زاهدا مغرور مشو از سجده ها در نیمه شب       ما گنهکاران جواب رحمت حق گشته ایم

## مسئولیت

در حصولی ز آنچه میدانی ز دور و پیش خود      اینکه میدانی که میدانی ترا مسئول کند

## کثرت و وحدت

ما که در دور و نوای خود اسیر کثرتیم      این تجلیات نشان ذات واحد بوده است

## هست و خواست

آنچه هستیم رنگ ذات طینت ما گر بود      آنچه میخواهیم که باشیم رنگی از نیرنگ ماست

## بودن و نمودن

بودن من اصل بنیاد مرا ظاهر کند      وای از آن روزیکه در کار نمودن بگذرد

## عالم نا محرم

در کران بیکرانی جا گزیدن مشکل است      ما کرانمندیم و ره بر بی کرانمندی زنیم

## بیخودی

عاشقان گردیده اند مست هوای عشق خود      بیخبر دم از جدایی های معشوق میزنند

## مرگ انسان

ما که انسانیم و هر لحظه تحول میکنیم مرگ ما نیز در تحول یک تحول بوده است

## دیدن و شنیدن

بهر دیدن، صورتی کافی بود در رو بر رو در شنیدن نغمه ها از عالم معنی رسد

## دیدن یا شنیدن

گر شنیدن بهتر از دیدن نبودی پس چرا ایزد هر جا در کلامش سمع گوید باز بصر

## نی بی بند

آنقدر گردیده ام خالی چو نی از تعلقات که از صدای من نوای نینوا آید بگوش

## تعریف معنی

معنی چون آبیست که هر ظرف کلام را پر کند هر چه را بینی تو معنی دارد اما معنی نیست

## قیاس و تمثیل

در قیاس ما تفکر حجت برهان بود ورنه هر تمثیل ز رنگ چشم ظاهر بین ماست

## دوست نادان

من ز دشمن، گر بود دانا، ندارم هیچ هراس — ترس من از مهربانی های نادانان بود

## ستایش ابلهان

خنده گردید گریه در سقراط عالم چون شنید — ابلهی او را به خوشنودی ستایش میکند

## فرق انسان با مخلوقات دیگر

هر چه بینی در جهان گردیده مظهر صفات — وآنکه ذات و هم صفات را مظهر است انسان بود

## قدرت عشق

عشق اگر جولان کند آتش زند بر آسمان — پر بسوزد جبریل را میل اگر آنجا کند

## پیغام هستی

مبدا اسرار عالم هستی بی انتهاست — هر که پیغام آورد زین هستی، او پیغمبر است

## سرنوشت

ماه اگر تابد ز کنعان نور خود بر مصریان — نسخهٔ تدبیر حق، عشق زلیخا میشود

## تجلی و متجلی

من اگر خاکم تجلی از خدا دارم بدل ** نورخورشید را کی از خورشید جدا کس دیده است

## جدایی

من چو ماهی زاده در آبم به خشکی میتپم ** در حضور بیدلی من دل بدریا میزنم

## از سنگ سختتر از گل نازکتر

دل گهی چون سنگ خارا تیشه بر سر میزند ** و آندگر گاهی ز نرمی بانگ مشتاقی زند

## نیستان ازل

من نی ام، من از نیستان ازل یک شاخه ام ** ناله ام بشنو حکایت از نیستان میکند

## رقص بسمل

ما نداریم همت ماهی دریا زاده را ** که از فراق آب دریا رقص بسمل میکند

## بقا و فنا

ای تو ای دریا نفس غافل مشو از هستیت ** یا بدریا غوطه زن یا رقص بسمل پیشه کن

## تعریف عقل

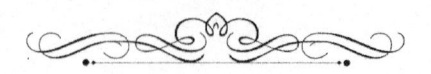

عقل را چون میتوان تعریف نمود در گفتگو؟    نـور آفتـاب در نظر باشد دلیـل آفتـاب

## عقل ایمانی

عقل ایمـانی کـه خیـزد از درون آدمـی    شور عشق جاودانی در وجود برپا کند

## عقل اکتسابی و عقل اعطایی

عقـل معمـولی بدست آیـد ز راه اکتساب    عقل اعطایی نشان تحفهٔ حـق بـوده است

## روشنی و تاریکی

مـا زکـف در تیرگی رنگی بخـود پیدا کنیم    روشنی عقل مـا این فیل ما را فیل کند

## عقل و عشق

عقل اگرچـه میـرود تـا لایتنهـا در جهان    عشق ازان بـالا ترکتر، جـا و منزل میکند

## عشق

عشق قهار است لیک ملاحت دارد اندر جوهرش    زین سبب آشوب دریای پر از گـوهر بـود

## نیاز

در نیــاز نازنینــان بــی نیــازی مشــکل اســت　　　مــا نیــاز خــود بپــای نازنینــان بســته ایــم

## دنیای عاشقان

مــا و بلبــل همکلامــیم در دیــار عاشــقان　　　او بــه گلهــا قصــه گویــد مــن بدانــه زیــر خــاک

## عالم اسباب

حلقــهٔ انگشــت کجــا زنجیــر دیــوان بــر کنــد　　　بهــر اعجــاز نگــین، کلــک ســلیمان لازم اســت

## حرص از بین نمیرود ولی میتوان مسیرش را تغیر داد

حــرص خــود گــر میتــوانی بســتهٔ زنجیــر نمــا　　　چــون نباشــد ممکــن آنــرا از دلــت بیــرون کنــی

## خرابات

خانــهٔ دل پــر ز دنیــا گشــت چــو آبــاد کــردمش　　　حــال دگر جای تو باشد، چــون خرابــات گشــته اســت

## عریانی

مــا درون پــرده رنگارنــگ دنیــا گشــته ایــم　　　پــرده را بــالا زنیــد تــا رنــگ خــود پیــدا کنــیم

## سزاواری

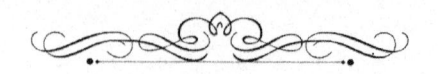

رحمت حق را نباشد قید و بندی در وجود     رنگ رحمان و رحیم از گلبن قابلیت است

## تصویر ذهنی

کس نجوید راز کس را از درونش جز به ظن     رنگ تصویر خودی آئینه رنگین میکند

## همزبانی و همدلی

ای هزاران همزبان گردیده با هم بی زبان     همدلی رنگ زبانرا رنگ بیرنگی دهد

## گوش صاحبدل

هر چه بینی در دو عالم زمزمهٔ حق بود     گوش صاحبدل بکار است تا نوا را بشنود

## عالم امر

عالم امر الهی پر ز راز و سر بود     عقل ما کوتاه بود از درک این اسرار حق

## خانهٔ خدا

خانهٔ خالی قلب آدم سالک نفس     با بریدن از جهان منزلگهٔ حق میشود

۱۴۷

## پادشاه و درویش

ریش و کشکول کی کند محمود شاه، بهلول دهر　　پادشاه باید که چندین سوته بر تعلق زند

## بی تعلقی

تا بکی زاهد تو بند بندگی در پا زنی　　بگسلان زنجیر تعلق در خودت آزاده شو

## خود شناسی

خود ببین در خود شناسی تا خودت پیدا کنی　　حق درون خود خود یابی اگر خود بنگری

## خود نگری

ای که در فکر جهان دور خود گمگشته یی　　لحظهٔ در خود نگر با خود خود خلوت نما

## ظاهر و باطن یکرنگ

وقتی باطن گشته با ظاهر یکی در جان تو　　قصه ها در منزل نا گفتنی ها سر کشد

## ارتقا و تنزل

آدمی چون سکه ای در خود دو رو دارد همی　　یا ز نفس خود چو شیطان، یا که رحمانی شود

## آزادی

من خرابم از خرابات خودی ها رفته ام    بعد ازین آزاد خود در بیخودیها میشوم

## فرق بین خدا و بنده

ما ز بعد خود اسیر شش جهت گردیده ایم    حق که بعد ما ندارد لایتنها بوده است

## آغاز و انجام

تا بکی چون خط پرگار دور جولانی زنی    نقطهٔ آغاز خود شو تا سرانجام بنگری

## بی بعدی

تا بکی در شش جهت با بعد خود مستی کنی    نقطه گرد تا بی جهت دریای سبحانی شوی

## مشت نمونهٔ خروار

قطرهٔ من را تو دست کم مگیر ای مدعی    آنچه در دریا نمایان باشد اندر قطره است

## قناعت

خانهٔ دل تا بکی آباد استغنا کنی    در خرابات مغان رو گرد خود پیدا نما

## مرگ عالم و آدم

مرگ عالم گر فنا سازد نهاد زندگی      مرگ انسانی برای زنده گشتن لازم است

## نردبان مرگ و زندگی

لحظه ها گر نردبان پله های زندگیست      مرگ ما هم پله یی از نردبان ما بود

## مرگ و زندگی

از چه ترسانی ز مرگ ای سالک آتش نفس      زندگی زائیده گردد از وجود مرگ تو

## بهار و خزان زندگی

گر نبودی زندگی دنبالهٔ مرگ ابد      برگ سبزی چون گزیدی جای برگ خشک را؟

## توپک برفی

این جهان چون توپ برفی میدواند ما و تو      در خلال هر نفس ما چاق و چاقتر میشویم

## عشق جیحونی

وقتی دل آتش گرفت از شعلهٔ گرم نفس      عشق جیحونی وجودت را به آتش میکشد

## بی بعدی

قیـد شـش در گـشـتـه ام از بعـد ایجـاد خـودم         نقطـه میگـردم کـه آزادم ز بعـد خـود کـنم

## وابستگی

هـر چـه در عالـم بـود بـا یکدیگـر وابسـته انـد         ایـن همـه وابسـتـگی، وابسـته بـر ذات حقنـد

## تجرد و وابستگی

حق کـه از وابستگی ها جملـه بی وابسته است         بسـتـه و وابسـتـه بـر ذات خـودش وابسـته انـد

## مظهر زهد

گـر خـدا باشـد غنـی مطلـق دور زمـان         مـا ز زهـد، مظهـر شـویم حـق را بپـای ایـن غنـا

## راز

ایـن جهـان هسـتی را گر بنگـری بـا چشـم دل         هـر قـدم رازی نهـان اسـت در سـوال پـر ز راز

## کلام و معنی

لفـظ مـا دارد ز پیـری بهـره یـی در زنـدگی         معنـی لیکن برگ سـبز انـدر جوانـی گشتـه است

## نفس اماره

محمل بی منزل خود پیاده کن ای مدعی  ←  گر تو خواهی دیدن شیطان، درون خود نگر

## وابستگی و وارستگی

زاهدا بشکن تو این وابستگی با زهد خود  ←  بند تقدیر قضا را پاره کن، وارسته شو

## آزادی

دست خود کش از جهان، وابستگی برهم بزن  ←  رسته و وارسته خود را از جهان خود نما

## گوش صاحبدل

سنگ و چوب و کوه و دریا ذکر او را میکنند  ←  گوش صاحبدل بکار است تا نوا را بشنود

## شکست آئینه

من ز کوی خوب خوبان خوبی ها آورده ام  ←  لحظه یی بر من نگر، آئینهٔ خود را شکن

## زندگی

بشنو از موجی که سر بر کوه و دریا میزند  ←  قصه ها از داستان خلقت ما میکند

# تک بیت های ناب

## آب و آتش

من جهان آتشم در سوز خود پیچیده ام        آب سرد روی جانان شعله پرداز من است

## لیلی و مجنون

دفتر عشقم، بدریای خودم افتاده ام        گاهی مجنون میشوم من گاهی لیلا گشته ام

## زمانه

آتشم بر میزند نمرودی دور زمان        من خلیلم در گلستان آتش افزا میشوم

## سوته و کشکول

سوته و کشکول من گنج سلیمانی بود        شاه و سلطانم چکار آید که بهلول خودم

## فراز و نشیب زندگی

نی حدیث گفتنی ها از دیار فطرت است        حلقه های بند او زنجیر پا گردیده است

## عاشقی

عاشقم ای عاشقان دیر ما، یادم کنید        کلبهٔ پیر مغانرا پر ز فریادم کنید

## ویرانی و آبادی

در خرابات خرابان ما خراب گردیده ایم        عالمی باید که این ویرانه را آباد کند

## ولی و پیغمبر

موسی را باید هزاران سال که شاگردی کند        تا که رمز کار محبوب خدا پیدا کند

## دیدار یار

دوزخ و جنت کجا گردند مرا مقصود دل        من که شیدای نگاهی بر رخ جانانه ام

## لیلی و لیلا

ما و مجنون همسفر در محمل یار خودیم        او ز لیلی قصه گوید من ز لیلای خودم

## آموزش

من طریق دلربایی از خودم آموخته ام        هم معلم گشته ام هم طالب دیدار او

## قلندر

من قلندر گشته ام در کوه و دشت لیلیان        سوته و کشکول من بود و نبودم بوده است

۱۵۵

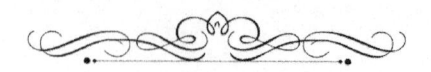

## صدای قلب

من خموشم در صدا پیچیده ام رنگ حیا    ناله کی خیزد ز آه بیصدای قلب من

## خلقت آدمی

ما و تو کی رنگی در تصویر عالم بوده ایم    عشق سبحانی بجوش آمد که ما پیدا شدیم

## مزار عشق

خاک ما گردیده رنگ تربت عشق خدا    پا نگهدار من روان کوی جانان گشته ام

## مقام

در حصار انتها من آسمان بیدلم    عرش اگر بالا تر است من خاک پای بیدلم

## نغمهٔ دل

نی کجا دارد صدای ساز خاموشی مرا    چنگی بر دل میزنم تا نغمه یی آید برون

## بیدردی

ای دریغا من اسیر درد بی دردی شدم    زین سبب کی لذتی دارد برایم زندگی

## تمنای بالا تر

ساقیا امشب مرا می از لب جانانه ده     من دگر معذور کوی باده نوشان گشته ام

## مست مستان

پیر دیرم گشته امشب ساکن ویرانه ها     ما و ساقی با حریفان مست مستان گشته ایم

## هوشپرک

دختر رز برده هوش من ز سر امشب ولی     یک نگاه پیر دیرم هوش من بر سر نمود

## نشانی

دامن پیر خرابات را گرفتم با نیاز     تا ز کوی خوب خوبان یک نشانیم دهد

## نظر بازی

در ادبگاه جمالت درس مکتب خوانده ام     من کجا با روی کس دیگر نظر بازی کنم

## دیوان شاهانه

من شۀ درگاه پیر دیر خویشم محتسب     نقش خاک بوریا بین زیب دیوان من است

## طواف

در درون کعبه گر راهم ندادند زاهدان        ما و مست مست مستان دور آن گردیده ایم

## شوق زندگی

فرصتی گر باشدم یک لحظه یی در زندگی        در امید زندگی صد بار بمیرم من ز شوق

## کور خود بینای یار

رنگ رخسار نگارم گشته رنگ دیده ام        من دیگر رنگی نبینم غیر رنگ دیده ام

## مستی درون خانه

بر در میخانه امشب زاهدان افتاده اند        ما که مستیم در درونش مست مستان گشته ایم

## مجبوریت

ساقیا ساغر مرا امشب ز جام خود بده        میفروشان کهن دیگر ازینجا رفته اند

## پیر مست

پیر ما امشب خراب کوی جانان گشته است        ساغر و مینا به جیب پنهان ز رندان کرده است

## سفر پر مشقت

پیچ و تاب زلف یارم پیچ و تاب زندگیست      من رهی پیچیده دارم شانه ها باید مرا

## قد و بالا

یار من با شاخ شمشاد همسری گر میکند      سایۀ سرو چمن را زیر پایش کرده است

## محراب و منبر

رخ نموده یار ما با ما به وقت صبحگاه      سجدۀ ما عاقبت محراب و منبر دیده است

## لب جانانه

لب نمودم بر لب جام در خیال هر لبی      آخر الامر یک لب جانانه لبریزم نمود

## از دل آمدن

چشم آن دارم که روزی چشم چشمانم شوی      تا ببینی چشم من در چشم تو چه دیده است

## دلسازی

سرخط عجزم بروی صفحۀ رنگ زمان      الفت تعمیر دلها گشته کسب و کار من

## همسفر

مشرب دیوانگی دارد مزاج خسته ام      همسفر در کوی لیلا با یکی مجنون شدم

## بی آبی

در تلاش خاکساری آبرویم رفته است      من تیمم از برای روی دلبر میکنم

## چرک دنیا

گنج باد آورد دنیا چرخ گرد روزن است      گاهی با من، گاهی با تو، گاهی هم بر دامن است

## زندگی

حلقهٔ پرگار گردون چرخ رنگ زندگیست      نقطهٔ آغاز خود بین چون سر انجامت بود

## سبکبالی

آفت شهرت ندارم بر سر افتاده ام      من چو گرد خاک پا در آسمان هم میروم

## کمال افتادگی

زاهدا دستت بکش از دامن افتادگان      هر سر افتاده زیب دامن رضوان بود

## عاقبت

در حنــای رنــگ پــا نقــش ســر شــاهان بــود        ســاقی تقــدیر مــا بین ســر ز پــا گــم کــرده اســت

## گبر و ترسا و مسلمان

ســـاغر دردم، درون دیـــر الفـــت خفتـــه ام        گبــر و ترســا و مســلمان مجلــس آرای مــن اســت

## سربستگی

لــذت ســر بســتگی از غنپــه آمــوز در چمــن        چــون گریبــان میــدرد رســوای عــالم میشــود

## آرامگاه

بحــر مــا پیچیده در خــود از تلاطــم هــای دهــر        منــزل مــا گشــته پــای ســاحل آرام مــا

## دلستانی

گبــر و ترســا و مســلمان گشــته مهمــان دلــم        در دیــار بیــدلان مــن دلســتانی میکــنم

## بند بوریا

بــا علمــداران عــالم کــی علمــداری کــنم        پــای مــن در بنــد فــرش بوریــا پیچیــده اســت

### شب مهتاب

یاد گیسو میکنم شب در نظر آید مرا    ماهتاب روی دلبـر روزه دارم کـرده است

### راز و نیاز

موسی دور زمان که او با خدا دارد سخن    عاجز از درک کلام کوزه گر گردیده است

### مستی حقیقی

در خمار شیشهٔ چرخ فلک پیچیده یی    پرده بالا زن که مست عالم دیگر شوی

### دیدهٔ دل

آیت قدرت نبینی گر تو در گلزار ما    چشم دل را دیده گردان، کور دنیا گشته یی

### مساوات

رنگ ما رنگی ندارد در دیار بیخودی    گبر و ترسا و مسلمان رنگی از نیرنگ ماست

### قدرت اتم

من ز موج گرد خود طوفان بپا گر میکنم    قدرت اسفندیارم، رستم زال گشته ام

## اعتماد به خود

امتحانگاه هوس گردیده این چرخ فلک         ساقی تقدیر خود شو، جامی از جانانه گیر

## آدم و شیطان

صبر خاکم بین به جنگ آتش کبر ملک         سجده چون نا کرده گردید، جنس رضوانم نمود

## بی انصافی

صد جنون خوابیده است در دامن صحرا ولی         لیلی ما قصه گوی عاقلان گردیده است

## آزادگی

در شکست رنگ خود دام تعلق پاره کن         از خودت خود جو و از هر چه دگر آزاده شو

## آرامش پر صدا

نشهٔ آسودگی دارم به ساحل خفته ام         من ز طوفان موجه ها در سینه مدفون کرده ام

## عبور مرز

وسعت صحرا ندارد رنگ لیلی در نظر         ما و مجنون پاسبان کوه و دریا گشته ایم

## شب ستانی

محرم گیسوی جانان در سیاهی گشته ام    با شب شبرنگ خود من شب ستانی میکنم

## گریز

خرقهٔ پشمینه دارم من قلندر گشته ام    تا به کی باشد که من خود را ز خود پنهان کنم

## رقص بسمل

من سپند مجمر تصویر دل گردیده ام    همچو ماهی پشت دریا رقص بسمل میکنم

## منصب آزادگی

منصب آزادگی دارم بخاک افتاده ام    صد چمن پرورده ام من در گلستان جهان

## سر و پا

جنبش موج غنا دارد کف پای نگار    گرد خاک شاه شاهان در حنا پیچیده است

## عبور فرصت

توسن فرصت غبار رنگ دنیا گشته است    هر کسی بینی روان راه خود گردیده است

## خیز اسپند

در سپند داغ من افسانه ها پیچیده است  در گریز از جان خود من رقص بسمل میکنم

## زندان یوسف

گر زلیخا دیده بود زندان یوسف را به چشم  قصر شاهی را فدای خاک آنجا مینمود

## خاکساری

در فلکتازی ندارم حرمت عجز گدا  شاه دوران خودم من خاکساری میکنم

## بینیازی

در کتاب احتیاج من دفتر بی نکته ام  شاه شاهان هم ندارد گنج بی همتای من

## خاک مزار

خاک ما را از مزار ما بدامن بر کشید  ما خراب کوی جانان یک زمانی بوده ایم

## دکان بی حیایی

در دکان بی حیایی کی حیا دارد بها  ما غریبان بهر سودا جای دیگر میرویم

## رنگ نا توانی

در حدیث بوریا من گرد خود پاشیده ام      تا ز رنگ ناتوانی خینه بر پایش شوم

## رشک شاهان

سوته و کشکول من گردیده رشک پادشهان      من به خاکبازی خود بهلول دوران خودم

## غنای دنیا

خرقهٔ پوسیدهٔ من آفت جان من است      زین غنا در روز رفتن من کفن پوشیده ام

## مشکل زندگی

در شبستان خیال کردم ترا زنده به چشم      آنقدر مردم که دیگر زنده ماندن مشکل است

## در بند حلقهٔ مو

من غلام کلفت ماه شبستان گشته ام      تا سحر در حلقهٔ زنجیر زلفش میتپم

## آخر خط

در خیال هستی موهوم رسیدم در عدم      توسن فرصت دگر با من ندارد همرهی

## مجلس رندان

رونـق ایـن انجمـن رنـگ صفـای دل بـود             از سیه کـاران عالـم مـا دگـر ببریـده ایـم

## لذت درد

در نیـاز درد، الفـت پیشـه کـن ای مدعی             مـا ز درد درد بـی دردی بـدرد خود شدیم

## آتش دل

سعی آه مـن نـدارد گرمـی سـوز نـدا             بسته مـن لـب کـرده ام تـا آتشی در دل کـنم

## بیخودی آئینه

در نظرگـاه جـلال، آئینـه از خـود میـرود             جـوهر صورتگری رنـگ آفرینـی میکند

## جلوه گر در جلوهٔ خود شدن

سـیر دیـدارم نـدارد رنگـی از هـر جلـوه یـی             مـن سراپا جلـوه گـر در جلـوهٔ خـود میشوم

## خوب خوبان

وهـم رعنـایی نـدارد رنـگ خوبـان جهان             مـا ز خوبان بهره مند خوب خوبان گشته ایم

۱۶۷